UN PEU DE TOUT SUR VICHY

DU MÊME AUTEUR

RECHERCHE ET DOSAGE DE LA LITHINE DANS LES EAUX MINERALES DE VICHY, in-8°, Vichy Bougarel, 1882 .... Epuisé.

LES EAUX DOUCES DE VICHY (*En collaboration avec M. Richard Batilliat, ancien élève de l'Ecole polytechnique*), in-8°, 79 pages, Vichy, Bougarel, 1883.. Epuisé.

LA QUESTION AGRICOLE EN 1885, in-8°, 33 pages, Vichy, Bougarel, 1885 .... Epuisé.

VICHY A TRAVERS LES SIECLES :
Tome Ier. — *De l'Epoque Celtique au XVIIIe siècle*, in-8°, VII-350 pages, Vichy, Bougarel, 1890 ...... Epuisé.
Tome II. — *Le XVIIIe siècle*, in-8°, VII-447 pages, Vichy, Bougarel, 1894 .... Epuisé.

MELANGE DE CHIMIE MEDICALE ET D'HYGIENE THERMALE, in-8°, 250 pages, Riom, Girerd, 1893.. 5 fr.

LES EAUX MINERALES NATURELLES DU BASSIN DE VICHY, petit in-4°, Vichy, C. Bougarel, 1896.... Epuisé.

DE L'APPELLATION COMMERCIALE « EAU MINERALE DE VICHY » OU « EAU MINERALE DU BASSIN DE VICHY » EN JURISPRUDENCE, in-8°, 54 pages, Vichy, Bougarel, 1899 .... Epuisé.

HISTOIRE DES EAUX MINERALES DE VICHY :
Tome Ier (*En collaboration avec M. le Dr J. Cornillon, ancien médecin-inspecteur adjoint des Eaux minérales de Vichy*), grand in-8°, VIII-814 pages avec 56 planches hors texte, Paris, Steinheil, 1909 ...... 27 fr. 50
Tome II. — Grand in-8°, VIII-1030 pages, avec 11 planches hors texte, Paris, Steinheil, 1915 .... 29 fr. 50
Tome III. — Premier fascicule (*L'Exploitation de l'Etablissement Thermal de Vichy*), grand in-8°, 247 pages, Paris, Masson, 1925 .... 25 fr.

RAPPORT A M. LE MINISTRE DE L'INTERIEUR SUR LES SOURCES D'EAUX MINERALES NATURELLES DU BASSIN DE VICHY ET LEURS MODES D'EXPLOITATION EN 1914, grand in-4°, 84 pages, Moulins, 1915 .... Epuisé.

LA JURISPRUDENCE DES PASTILLES ET DES SELS DE VICHY (*En collaboration avec M. Maurice Mallat, avocat à la Cour d'appel de Paris*), in-8°, VI-174 pages, Paris, Rousseau et Cie, 1919 .... 8 fr.

LES SELS ET LES PASTILLES DE VICHY, in-8°, XII-268 pages, Lons-le-Saulnier, Declume, 1919 .... 12 fr.

LES CODEX ET LES SELS ET PASTILLES DE VICHY, in-8°, 64 pages, Vichy, L. Guillon, 1919 .... 3 fr.

HISTOIRE CONTEMPORAINE DE VICHY DE 1789 A 1889, in-8°, X-816 pages, Vichy, Wallon frères, 1921. 30 fr.

HISTOIRE CONTEMPORAINE DE VICHY DE 1789 A 1889. (*Les Cultes, l'Hôpital civil et le Bureau de Bienfaisance, l'Hôpital thermal militaire, etc.*) En préparation

UN PEU DE TOUT SUR VICHY, in-8°, VIII-234 pages, Vichy, Wallon, 1927 .... 30 fr.

LA DEFENSE D'UN TERRORISTE DE L'ALLIER. FRANÇOIS GIVOIS A SES CONCITOYENS, réimpression du Mémoire de 1794 avec de nombreuses notes .... En préparation

Antonin MALLAT

Antonin **M**allat

Membre Correspondant de l'Académie de Médecine

UN PEU
DE TOUT
sur Vichy

VICHY

IMPRIMERIE WALLON

1927

—

(Tous droits réservés)

A LA MÉMOIRE CHÉRIE

de CELLE que j'ai tant aimé pendant sa vie et que je pleure maintenant chaque jour, et EN SOUVENIR de nos *quarante-deux ans* d'union absolue, pendant lesquels nos pensées ont toujours été communes et qui n'ont jamais été troublés par le moindre incident fâcheux de quelque nature qu'il soit.

A. MALLAT.

AVANT-PROPOS

Les pages qui vont suivre contiennent, sans aucun ordre chronologique, certains de mes écrits encore inédits ou qui ont parus, en leur temps, dans des revues littéraires, dans des journaux médicaux, dans des comptes-rendus de congrès ou de sociétés scientifiques, et dans la presse politique.

Sur des sujets différents qui, tous ou à peu près tous, intéressent Vichy, ils émettent des opinions diverses qui sont bien les miennes, opinions que je voudrais qu'on puisse encore discuter lorsque, bientôt, je ne serai plus là pour dire où l'on peut les trouver si l'on veut les approuver ou les combattre.

Le seul moyen que j'ai pour en arriver à ces fins, c'est, donc, de réunir ces écrits en un volume où l'on pourra les lire facilement et sans trop chercher.

Epars, ils ont mille raisons pour rester ignorés de ceux qui voudront, plus tard, les connaître. En les collectant dans un livre, j'ai plus de chance qu'ils soient moins oubliés: c'est la seule raison qui me les fait, ainsi, publier.

Je les dédie à la Mémoire de CELLE *qui les a presque tous inspirés. Elle a tenu, dans mon existence, une telle place que c'est presque une consolation pour moi, si tant est que je puisse être consolé, de rappeler, ici, quelle part secrète elle a prise à leur élaboration.*

Beauregard, près Vichy, le 14 février 1927.

A. MALLAT.

L'HOPITAL CIVIL DE VICHY

Contrairement à ce que l'on croit généralement et à ce que l'on dit et écrit communément depuis cinquante ans environ, il n'y a pas et il n'y a jamais eu, à Vichy, deux hôpitaux civils distincts : un *Hôtel-Dieu*, fonctionnant normalement toute l'année, et un *Hôpital Thermal*, qui ne serait ouvert que du 14 mai au 1er octobre. *En fait* et *en droit*, il n'a jamais existé, et il n'existe encore, dans cette ville, qu'*un seul* hôpital civil, vivant sous la même législation que tous les autres hôpitaux civils de France ; ayant, comme ces hôpitaux civils, des services nombreux, particulièrement un *service de buveurs d'eau* qui ne reçoit, dans des conditions spéciales, du 14 mai au 1er octobre, que des malades étrangers à la localité.

Au reste, cette expression *hôpital thermal* n'apparaît, à Vichy, pour la première fois, que dans une délibération du 11 mai 1867 de l'administration de l'hôpital civil. Le 9 mai 1865, pour la première fois aussi, le secrétaire de cette administration emploie l'expression *service thermal*. Antérieurement on ne connaît, à la commission administrative de cet hôpital civil de Vichy, que le *service des buveurs d'eau*. Cette commission, par exemple, décide, le 28 février 1861, « qu'à l'avenir l'un des dortoirs sera destiné « aux *malades buveurs d'eau payants,* et l'autre aux « malades non payants sans mélange des deux catégories, et que le cabinet du médecin ordinaire ser-« vira en même temps au service des *malades buveurs d'eau* pour ce qui regarde la consultation du « médecin-inspecteur ».

Je n'ai donc pas, dans l'histoire générale de l'hôpital civil de Vichy que l'on m'a demandé d'esquisser en quelques pages pour le *Centre Médical*, à envisager la nécessité de faire une part quelconque, tant petite soit-elle, à celle d'un *hôpital thermal* inexistant. Le *service des buveurs d'eau* trouvera naturellement sa place dans cette histoire générale, tout comme, du reste, les autres services hospitaliers. Je n'insiste donc pas plus longuement sur ces considérations préliminaires qu'il était cependant nécessaire de placer en tête des lignes qui vont suivre, lignes dans lesquelles, lorsqu'il le faudra, je justifierai amplement, je l'espère du moins, par les faits et par le droit, ces prémisses et ces précisions.

**
***

De temps immémorial, semble-t-il, il y a eu, dans la ville de Vichy, près de l'Allier, à la tête du pont lorsqu'il y en avait un, un refuge, bien modeste dans ses débuts, pour les malades pauvres et les malheureux du pays ; pour les voyageurs fatigués et sans ressources, allant, à pied, de ville en ville, mendiant leur pain quotidien, et, aussi, pour les soldats blessés ou « tombant malades dans les routes ». Pendant le moyen-âge, ce refuge reçoit d'Alphonse de Poitiers, d'après les comptes de Jean de Trie et de Gérard de Paray, baillis d'Auvergne, pour les termes de l'Ascension de 1294 (27 mai) et de 1299 (28 mai), des dons en espèces de vingt sols (1).

**
***

(1)*Compotus Johannis De Trya, Ballivi Arverni, de termino Ascensionis domini anno ejusdem M° CC° nonagesimo quarto* (27 mai 1294).

« Legata Domini A[lfonsi], quondam Comitis Pictavensis:

. . . .

« Domui Dei de Vicherio, pro toto, XX s. [solidos]
« Leprosarie ejusdem loci, pro toto XX s. »

* *Compotus Domini Gerardi de Paredo, militis, ballivi Arverni de termino Ascensionis Domini anno ejusdem Millesimo CC° nonagesimo nono.* (28 mai 1299).

« Legata Domini A[lfonsi], quondam Comitis Pictavensis:

. . . .

« Domui Dei de Vichiaco, pro toto XX s. [solidos]
« Leprosarie ejusdem loci, pro toto XX s. »

. . . .

Ces citations sont extraites du *Spicilegium Brivatense,* par Augustin Chassaing, Paris, imprimerie Nationale, 1886, in-4°, pages 227 et 260.

Dans les temps modernes, alors que les eaux minérales de Vichy n'ont pas encore d'histoire ; alors qu'elles jaillissent toujours là où mille ans auparavant les Gallo-Romains venaient s'y baigner et les boire ; alors qu'elles ne servaient qu'aux gens du pays pour divers usages communs ; alors qu'elles sont, comme pendant tout le moyen-âge, entièrement ignorées des médecins et des malades ; alors que personne ne vient près d'elles pour s'y soigner et s'y guérir ; alors, par conséquent, qu'il n'y a pas encore, à l'Hôtel-Dieu de Vichy, le moindre embryon d'un service possible de buveurs d'eau, Guillaume Grand, bourgeois de cette ville, fils de Colin Grand, teste, le 27 janvier 1485, par devant Jehan Quintin, notaire, en faveur de cet « Ostel-Dieu », auquel il donne « deux quartons soigle et six deniers de cens en « directe » que lui doit « la vebve Guyot Giron sur « une terre près Chisson » (1).

Ce n'est, en effet, que vers le milieu du XVIe siècle — près de trois cents ans après les dons d'Alphonse de Poitiers — que les « sources et fontaines chaudes » de Vichy commencent à être connues. On y vient des environs d'abord, pour s'y baigner seulement ; les médecins de Cusset — les premiers qui semblent avoir pratiqué leur art à Vichy — les recommandent à leurs clients riches et pauvres ; ils les font boire à leurs malades qui se trouvent fort bien de l'emploi de ce nouveau remède. Jean Banc, médecin de Moulins, les conseille en 1587, 1588 et 1589, « à plusieurs qui en retirèrent de fort heureux « succez pour se guérir de plusieurs grieves mala- « dies, desquelles ils étaient détenuz » ; des malheureux qui, eux aussi, ont besoin de « prendre les eaux » y accourent à pied, et implorent la charité publique pour pouvoir vivre pendant les quinze à vingt jours que dure la cure ; on les oblige le plus possible en ville, et il en est même, parmi ces « passants », qui sont reçus à l'Hôtel-Dieu quand la place

---

(1) *Archives Hospitalières de Vichy*. B. 1. (Liasse).

n'y fait pas défaut et quand les ressources permettent de faire cette charité aussi bien à des réguliers qu'à des séculiers.

Mais il importe de bien établir que cette admission de malades étrangers à l'hôpital civil de Vichy — hôpital qu'on appelle, dans le peuple, à cause de sa clientèle d'été, la « Maison des Passants » — ne lui crée pas, pour l'avenir, une obligation vis-à-vis de qui que ce soit. La charité publique est la seule cause déterminante de l'acte de solidarité qu'accomplissent, bénévolement, les habitants de Vichy, et c'est par charité seulement qu'ils reçoivent, chez eux, dans cette « Maison des Passants », et autant qu'ils le peuvent, des desservants de petites paroisses, des religieux et religieuses de tous ordres et de toutes robes ayant fait vœu de pauvreté, d'autres rares miséreux des villes et des campagnes ne vivant que d'aumônes ou n'ayant pas les moyens de payer les frais d'auberge pendant leur court séjour « aux eaux ». Le préambule des Lettres Patentes du mois de mars 1696 (1) ne laisse aucun doute à ce sujet : Louis XIV y déclare que « les pauvres de la ville et ceux de plusieurs endroits qui viennent prendre les eaux » ont toujours été secourus et assistés, dans l'hôpital de Vichy, des charités que les particuliers font à cet établissement.

Avant 1635 environ, il n'y avait point de médecins à Vichy, paroisse de 200 feux à peine. Ceux de Cusset suffisaient grandement à y soigner aussi bien les malades du lieu pendant toute l'année que les malades étrangers pendant les trois ou quatre mois de la belle saison. Ces malades étrangers se logeaient, du reste, souvent dans cette ville voisine car, pendant les temps de guerre civile ils ne trouvaient point, près des sources minérales où ils devaient boire, des lieux sûrs et convenables pour pouvoir y faire « proprement leur demeurance ». Le bourg était relativement assez éloigné des « bains de Vichy » et ses auberges et

____

(1) *Archives Hospitalières de Vichy*. A. 1. (Liasse).

son Hôtel-Dieu n'étaient pas suffisamment « adgencés » pour recevoir des riches ou des pauvres, le plus souvent difficiles à contenter lorsqu'ils payaient et quelquefois fort encombrants lorsqu'ils ne payaient pas.

Claude Crézol, docteur en médecine de la Faculté de Montpellier, fut le premier praticien qui, demeurant à Vichy, y pratiqua sa profession toute l'année, aussi bien l'hiver que l'été. Né dans cette ville le 29 décembre 1611, il exerçait, vers 1635, la médecine dans sa ville natale, en même temps que Claude Mareschal venait, de Cusset, y conseiller, l'été, quelques clients qui lui étaient adressés par ses confrères de Paris ou de la province.

Claude Crézol, qui dut quitter Vichy, avec sa famille, aussitôt après la mort de sa mère, c'est-à-dire après le 30 août 1652, fut, sans aucun doute possible, le premier médecin en titre de la *Domus Dei* ou Maison des Passants de cette ville. De par son origine, de par son éducation, de par son serment de docteur (1), il devait, en effet, donner, sans compter, son temps, ses conseils et ses soins aux pauvres et aux malheureux quels qu'ils soient, aussi bien à ceux qui étaient ses concitoyens et qu'il visitait chez eux, qu'à ceux de Vichy ou d'ailleurs que les Consuls admettaient dans leur Hôtel-Dieu .

Le 26 août 1657, les habitants de Vichy, réunis en assemblée « au son de la cloche en la manière accou-« tumée », délibérèrent unanimement que leurs Consuls remercieront très humblement Mgr de Saint-Géran, gouverneur du Bourbonnais, qui, le 25 juillet précédent, leur avait écrit pour leur annoncer l'envoi qu'il leur faisait du docteur en médecine Jacques Dupré. Ces Consuls déclareront, en outre, que « les « dits habitants seront très aises et contents que ledit « sieur Dupré vienne faire sa demeure en leur ville

---

(1) Le serment hippocratique prêté par les futurs docteurs en médecine, à Montpellier, renfermait le passage suivant : « *Je donnerai mes soins gratuits à l'indigent* et n'exigerai jamais « un salaire au-dessus de mon travail. »

« **dans** laquelle ils le tiendront exempt de toutes
« charges publiques et logement des gens de guerre ».
Ils supplieront, aussi, Monseigneur de Saint-Géran
« *d'ordonner audit Sieur Dupré de servir gratis les*
« *pauvres qui se trouveront dans l'Hôtel-Dieu de*
« *cette ville* » (1).

Indiscutablement, donc, Jacques Dupré est, à partir de 1657, médecin de l'Hôpital civil de Vichy. Il
y soigne, indistinctement, tous les malades qui s'y
trouvent et d'où qu'ils viennent ; qu'ils y prennent
les eaux seulement ou qu'ils y soient retenus par des
affections aiguës non tributaires d'une cure hydriatique. Le 31 mai 1669, le docteur Jacques Dupré,
conseiller et médecin ordinaire du Roy, est encore à
Vichy ; mais il va bientôt quitter cette ville.

En 1672, Claude Fouët arrive de Paris où il a
obtenu son brevet de docteur, et il s'installe aussitôt
dans l'habitation de son père qu'il remplace, depuis
sa mort, à la Direction de la Maison royale des Bains.
Comme Claude Crézol, il est de Vichy : il y est né
le 10 septembre 1645 ; il y connaît tout le monde ;
il s'allie bientôt à une famille, celle des Sicauld, qui,
comme la sienne, est une des premières du pays.
Rapidement, il devient fort en vue dans sa petite
ville où il demeure toute l'année et où il étudie, chaque jour, ses eaux minérales, dont il aspire à devenir
bientôt le premier Intendant. Jacques Dupré a quitté
Vichy ; il le remplace auprès des pauvres de l'Hôtel-
Dieu, comme auprès de tous ses concitoyens, qui
l'appellent sans le lasser, lorsqu'ils souffrent. Intendant et Maître des eaux minérales de Vichy, il pense
tout d'abord aux malheureux, réguliers ou séculiers,
et offre de les servir gratuitement quoiqu'ils demandent pour leur santé (2). Il est médecin de l'Hôtel-

---

(1) *Archives Communales de Vichy*. B. B. 1. (Registre).

(2) Cela résulte du passage suivant de l'arrêt du Grand Conseil
du Roy, du 26 mars 1686 : « Et entre ledit Fouët, demandeur en
autre requeste par luy présentée à nostre Conseil, le 29 dudit
mois d'août 1685, à ce qu'acte luy soit donné des offres et décla-
rations qu'il a faites par ladite requeste, que jamais ny

Dieu de Vichy quand, en 1696, le Roy fonde et dote officiellement, à Vichy, « l'Hôpital des Pauvres » — dont la création remontait aux temps des *de Vichy* et était, par conséquent, bien antérieure aux *Ducs* — et ordonne que « celui qui a l'Intendance des eaux « de Vichy » en sera un des directeurs et administrateurs. Il est toujours médecin de cet Hôtel-Dieu lorsque son collègue, Geoffroy Sicauld, seigneur de la Ramas, fourrier de Madame la Dauphine, traite, le 25 août 1703, avec la Maison des Filles de la Charité, établie au faubourg Saint-Lazare à Paris, qui s'oblige à fournir à l'Hôpital de Vichy, comme elle le fait depuis plusieurs années déjà, trois religieuses qui, outre le service des pauvres malades, auront celui des orphelins, vieillards et veuves admis à l'hôpital, étant entendu que l'une d'elles fera tous les jours les· « petites écoles » aux pauvres de la paroisse, moyennant quoi elles seront logées convenablement et recevront chacune quarante livres par an pour leur entretien (1). Et lorsque, en 1715, il meurt, à 70 ans, les négociations avec la Cour pour les accords de 1716 sont presque achevées et l'on n'attend plus que la nomination de son successeur pour échanger les signatures qui préluderont aux Lettres Patentes du 23 mars 1716.

Celles-ci, à qui on a fait dire, souvent, beaucoup

luy, ny les fonteniers, particulièrement depuis le susdit arrest de règlement, n'ont rien pris des pauvres tant réguliers que séculiers, soit pour les eaux, soit pour les fournitures, pas même pour les bains, *où il fournit des lits, matelats, plusieurs draps et serviettes pour essuyer, fagots et gros bois pour chauffer les draps et les lits,* le tout aux frais dudit Fouët, et qu'il n'a jamais eu l'intention que ses préposez ayent pris un denier ; et de donner des eaües cachetées et sur certificat gratuitement aux pauvres, tant réguliers que séculiers en justifiant, par eux, d'un certificat de leurs supérieurs que c'est pour leur usage seulement en ce qui regarde les réguliers, et pour les séculiers de leurs curés comme ils sont pauvres, *et en outre de continuer ses soins et donner ses conseils aux pauvres qui viennent sur les lieuz pour user des dites eaües, leur fournir des bains avec lits, matelats, bois, draps et baigneurs, le tout gratuitement* COMME IL A TOUJOURS ESTÉ FAIT. »

(1) *Archives Hospitalières de Vichy.* F. 4. (Liasse).

plus qu'elles ne disent réellement, n'ont jamais, comme on l'a prétendu à tort (1), et comme certains le prétendent encore, créé et « renté », à Vichy, un hôpital thermal ayant la suprématie sur l'hôpital civil qui, en l'espèce, ne serait, lui, qu'un hôpital secondaire vivant entièrement aux dépens de cet hôpital thermal. Ces Lettres Patentes n'ont, en effet, que : 1° Confirmé, approuvé et autorisé le contrat de don du 8 mars 1716 par lequel les administrateurs et directeurs de l'hôpital de Vichy, cédaient et transportaient, au sieur Chomel, intendant des eaux, une maison sise aux Bains, pour « doresnavant » lui servir, ainsi qu'à ses successeurs à ladite intendance, de logement (2) ; et 2° « ordonné qu'outre et au pardes-

(1) Ainsi que bien d'autres, et, notamment, l'avocat de l'Etat dans le procès du *sou par bouteille* plaidé en 1901 devant le Tribunal civil de Cusset, j'ai, moi-même, avant d'avoir étudié de très près et très à fond, comme je l'ai fait récemment, le passé historique de l'Hôtel-Dieu de Vichy, écrit, publié et professé, suivant en cela une tradition constante chez la plupart des vieux vichyssois du XIXe siècle, que cet Hôtel-Dieu vivait presque exclusivement aux dépens de ressources appartenant en propre à son Hôpital Thermal, et que c'était avec ces ressources — le *sou par bouteille* — que l'administration hospitalière de Vichy avait pu édifier et pouvait entretenir maintenant son hôpital modèle de la Croix-des-Renards, dans lequel on n'avait pas fait, et on ne faisait pas encore, à cet Hôpital Thermal, la part — celle du lion — qui lui revenait légalement, puisque c'était lui, somme toute, qui avait fait les frais, ou à peu près, de la reconstruction de cet Hôtel-Dieu! Aujourd'hui, je dois déclarer que je me suis absolument mépris et trompé sur le sens et la portée des Lettres Patentes du 23 mars 1716 ; que les opinions diverses que j'ai émises, à ce sujet, soit dans l'*Histoire des eaux minérales de Vichy,* soit dans l'*Histoire contemporaine de Vichy de 1789 à 1889,* soit dans les *Annales de Médecine Thermale,* soit au *Conseil départemental d'hygiène de l'Allier,* soit dans la *Presse locale,* n'ont aucune base certaine et réelle et ne peuvent s'appuyer sur aucun texte authentique; qu'il faut, en conséquence, ne tenir aucun compte de ces opinions en ce qu'elles ont de contraire à celle que j'émets, aujourd'hui, pour la première fois, dans le *Centre Médical,* opinion que je développerai dans ce qui me reste à publier de l'*Histoire contemporaine de Vichy de 1789 à 1889.*

(2) L'Etat, depuis la révocation des médecins-inspecteurs et des médecins-inspecteurs adjoints, s'est emparé de ce logement — le mieux situé de la ville — et s'en sert, *par ce temps où le besoin d'argent se fait si terriblement sentir dans les caisses publiques, pour la* RÉSIDENCE D'ÉTÉ *de MM.* les préfets de l'Allier. Or, les termes de la donation du 8 mars 1716 sont formels : cette donation n'a pas été faite au Roy — c'est-à-dire à l'Etat — *mais*

« sus de l'ancien droit de douze deniers que les in-
« tendants desdites eaux ont perçu jusqu'à présent
« par chaque bouteille de trois chopines d'eau, mesure
« de Paris prise au dit lieu de Vichy et qui se trans-
« porte tant à Paris que dans les autres endroits du
« royaume, il sera doresnavant perçu, sur chaque
« boutèille de pareille mesure des dites eaux, deuz
« sols desquels il en appartiendra dix-huit deniers
« audit hôpital à perpétuité, francs et quittes de
« toutes réparations, augmentations et autres char-
« ges et contributions pour raison desdites maisons,
« bains, caveaux, canaux, payements des fonteniers
« et concierges, et toutes autres choses quelconques,
« *en fournissant*, SEULEMENT, *par ledit hôpital pour*
« *l'usage des pauvres, les lits, linges, bois et autres*
« *choses nécessaires dans le bain qui leur est destiné,*
« *dont l'Hôpital aura, seul, la disposition entière*
« *sous la direction desdits intendants,* LESQUELS DIX-
« HUIT DENIERS TIENDRONT LIEU DE DOTATION AUDIT
« HOPITAL » (1).

Comment a-t-on pu voir, dans ce passage des
Lettres Patentes de 1716 — le seul où il soit question
de l'hôpital de Vichy, — que le Roy avait créé, par
ces Lettres Patentes, un *hôpital thermal* à Vichy,
hôpital thermal qu'il aurait doté, en même temps
qu'il le créait, du *sou par bouteille ?* Evidemment,
rien de tout cela n'existe dans ce document, et l'on
peut, à bon droit, s'étonner qu'une telle légende ait
pu si longtemps s'imposer à l'esprit de tous, même

*bien à l'intendant des eaux pour lui servir de logement ainsi qu'à.
ses successeurs.* Les préfets de l'Allier ne sont pas, que je sache,
les successeurs des intendants ou des médecins-inspecteurs qui les
ont remplacés. Donc, l'Etat ne pouvait pas, *en droit,* sans le
consentement de la Commission administrative de l'hôpital civil
de Vichy, changer la destination de l'immeuble donné à Chomel
en 1716, immeuble, je le note en passant, qui pourrait servir
maintenant à mille choses plus utiles et plus productives qu'aux
villégiatures de fonctionnaires, fussent-ils les plus décoratifs et
les plus appointés du département. En tous cas, la commission
administrative de l'hôpital civil de Vichy a-t-elle consenti à ce
changement de destination ? Je ne le crois pas. Donc...!

(1) *Archives Hospitalières de Vichy.* A. 2. (Liasse).

de certains de ceux qui avaient la mission de défendre les intérêts des pauvres de Vichy, à un tel point que certains n'hésitèrent pas à aller, en 1887, jusqu'à faire inscrire sur deux bâtiments du nouvel Hôtel-Dieu de la Croix des Renards, d'un côté : *Hôpital Thermal (Hommes)*, et de l'autre côté : *Hôpital Thermal (Femmes)* !

*
**

Si l'on rapproche ce que j'ai textuellement cité, plus haut, des Lettres Patentes du 23 mars 1716, du dispositif de l'arrêt du Grand Conseil du Roy du 26 mars 1686 qui « ayant esgard *aux offres dudit* « *Fouët*, a ordonné et ordonne qu'il ne prendra rien « des pauvres tant réguliers que séculiers qui iront « sur les lieux, soit pour les eaux, fontaines, douches « et bains, pour lesquels il fournira des lits, matelats, « draps, serviettes pour essuyer, fagots et gros « bois » (1), on comprend très clairement ce qu'en réalité a voulu le Roy en *imposant* les acheteurs d'eaux minérales de Vichy *d'un sou* par litre de ces eaux transportées. L'intendant Fouët était tenu, *personnellement*, par cet arrêt du Grand Conseil, de fournir gratuitement aux pauvres, quels qu'ils soient, qui venaient à Vichy prendre les eaux, « des lits, matelats, draps, serviettes pour essuyer, fagots et gros bois » pour chauffer les draps et les serviettes. C'était là une lourde charge qui pouvait gêner considérablement ses successeurs moins riches et peut-être moins bienfaisants que lui ! C'était, en tout cas, une obligation onéreuse qui diminuait dans d'assez fortes proportions le revenu que ces successeurs devaient tirer, en toute justice, de leur fonction. Le Roy décida donc, alors qu'il créait aux Intendants des Eaux minérales de Vichy d'autres obligations, de leur enlever celle de ces fournitures en la passant à l'Hôpital Civil de cette ville moyennant un *impôt de consommation* que cet hôpital prélèverait à son profit,

----

(1) *Archives Hospitalières de Vichy.* A. 2. (Liasse).

directement et à perpétuité, sur les eaux minérales de Vichy qui se transporteraient hors de cette station thermale, à l'exception, bien entendu, de celles destinées aux pauvres tant réguliers que séculiers.

Cet impôt qui devait dédommager l'Hôpital civil de Vichy de l'*unique* charge (1) qui, de par les Lettres Patentes du 23 mars 1716, allait, dorénavant, peser sur lui, devait, en même temps, lui servir de *dotation*.

Mais, il ne faut pas qu'on s'y trompe, comme on est, par le temps qui court, généralement trop porté à le faire en cette matière : jamais le *sou par bouteille* n'a été, *en droit*, une donation, par le Roy, à l'hôpital civil de Vichy. Jamais, il importe de le proclamer bien haut, l'Hôtel-Dieu de Vichy n'a coûté quoi que ce soit, sous l'ancien. régime, aux caisses publiques, aux caisses de l'Etat, c'est-à-dire à la caisse du Roy, puisque, à cette époque, l'Etat, c'est le Roy ! La Couronne ne reçoit rien, alors, du produit

(1) Dans un rapport du 23 septembre 1793, le ministre de l'intérieur écrivait: « Par Lettres Patentes du 23 mars 1716, enre-« gistrées au Parlement, il fut concédé à l'hôpital de Vichy, à « perpétuité... un droit de 18 deniers par bouteille d'eau sortie « desdits bains de Vichy, à la charge, *seulement,* par ledit hôpital, « de fournir aux pauvres les lits, linges, bois et autres choses « nécessaires à l'usage des bains. » (Archives Nationales, F8 129). En l'An V, l'administration municipale du canton de Vichy, agissant au nom de l'Etat, va plus loin encore que le ministre de l'intérieur de 1793. On lit, en effet, dans le bail à ferme des Eaux de Vichy du 11 floréal An V, les passages suivants: « La « lecture ordonnée ayant été faite, les commissaires de l'hospice « civil de cette commune, présents à la séance, ont représenté « que les charges du bail portent, article 6, que le fermier pourra « vendre les eaux minérales trois sols la pinte, mesure de Paris, « compris le bouchon et le goudron ; que la loi du 16 vendémiaire « dernier conserve les hospices civils dans la propriété et jouis-« sance de leurs biens ; et que, par lettres patentes du 23 mars « 1716, le cy-devant roy *a accordé en toute propriété à l'hospice* « *de Vichy* UN SOL *par bouteille d'eau minérale* SANS AUCUNE « CHARGE ; qu'au moyen de ce ils réclamaient pour l'hospice de « Vichy la propriété de ce sol par pinte, mesure de Paris, et que « l'agence nationale ne soit dans le cas d'affermer que deux sols « par pinte, *ce qui a été approuvé par les membres de l'adminis-* « *tration municipale du canton de Vichy,* après, par eux, avoir « pris connaissance des titres dudit hospice et que ledit hospice « pourra régir ou affermer à son profit ledit sol par pinte SANS « AUCUNE CHARGE. » (*Archives départementales de l'Allier,* série X, 938-946.)

des Eaux minérales de Vichy. Le *sou par bouteille* n'est donc pas, je le répète, car j'attache à ma manière de voir une importance capitale, le résultat d'une générosité royale à l'hôpital civil de Vichy, générosité prise sur le produit que rapportent à l'Etat les eaux minérales de cette ville, mais seulement et uniquement un *impôt de consommation, variable dans son rendement et perçu, à ses risques et périls, par cet hôpital* ; impôt qui peut être nul, si le transport des eaux est lui-même nul ; impôt qui a pu atteindre, en 1923, *quatre cent quarante-deux mille cent vingt-sept francs quarante centimes*, alors que ce transport a, lui-même, atteint le chiffre de *huit millions huit cent quarante-deux mille cinq cent quarante-huit bouteilles* frappées actuellement de l'impôt. En tout cas, la rentrée de cet impôt qui peut être perçu, si l'hôpital l'exige, directement par lui sur les acheteurs de ces 8.842.548 bouteilles, ne regarde en rien ni pour rien l'Etat, puisque ce n'est pas lui qui le doit, puisque ce n'est pas lui qui le paye. Cet *impôt de consommation* du *sou par bouteille* dû, à perpétuité, à l'hôpital de Vichy, par les buveurs d'eaux minérales transportées hors de cette ville, est absolument et entièrement comparable à celui du centime perçu par les stations hydrominérales de France sur chaque litre de leurs eaux minérales transportées. Cet impôt d'un centime n'a jamais, que je sache, constitué une charge pour l'Etat, au profit de ces stations hydrominérales ; il n'est qu'une charge pour le consommateur d'eaux minérales françaises qui doit l'acquitter en achetant ces eaux minérales. Si donc, aujourd'hui, une jurisprudence décidait que telles ou telles des sources frappées par la loi de cet *impôt de consommation* ne devaient plus, à l'avenir, pour une cause quelconque, ce centime communal, ce ne serait pas, je suppose, l'Etat qui bénéficierait de cette exemption d'impôt, mais bien celui qui doit le payer, mais bien celui qui le paye réellement, c'est-à-dire le buveur d'eau. Le cas est identiquement le même pour le *sou par bou-*

teille dû à l'hôpital civil de Vichy ; et, pourtant, contre cet hôpital, il y a maintenant la *res judicata* dont doivent bénéficier seulement les acheteurs de certaines eaux minérales de cette ville appartenant à l'Etat, *res judicata* devant laquelle tout le monde est obligé de s'incliner, et devant laquelle, du reste, tout le monde semble bien vouloir le faire de très bonne grâce dès qu'il sera intervenu un nouvel accord sur lequel on est très près de s'entendre, m'a-t-on affirmé de divers côtés.

*
* *

L'hôpital civil de Vichy, de par les Lettres Patentes de 1716, ne doit donc, *en droit*, aux pauvres de France, réguliers ou séculiers, qui ont besoin de « prendre les eaux » et qui accourent à Vichy pour cela, chaque année, de mai à octobre, que « les lits, « linges, bois et autres choses nécessaires dans le « bain qui leur est destiné » ; il ne leur doit ni le logement, ni la nourriture, ni surtout les *soins médicaux*, quels qu'ils soient. Ces *soins médicaux*, du reste, sont assurées par les intendants *nommés par le surintendant général des Eaux minérales et médicinales de France et agréés par le Roy* (1) ; puis, après l'An VI, par les médecins-inspecteurs nommés

---

(1) Dans un mémoire, rédigé en 1791 et qui est aux *Archives départementales de l'Allier,* série C. 284, le docteur Robert-Antoine Giraud, intendant des eaux minérales de Vichy, dit, en exagérant quelque peu son labeur journalier et gratuit : « Une charge extrêmement fatigante par son détail, *fut encore imposée au médecin-intendant des eaux,* c'est le service des pauvres malades; pendant la saison de printemps et de l'automne, on reçoit à l'Hôpital *cinq cents* pauvres pour y faire usage des eaux, des bains et des douches, et dans le reste de l'année il y a communément plus de cent malades et cinquante enfants ou vieillards hors d'état de travailler. Tous ces individus sont servis par huit sœurs de la Charité et exigent des soins assidus de la part du médecin qui indique tous les jours les remèdes à prendre, la quantité et qualité d'eau à boire et la douche à recevoir. »
J'ai dit que Giraud exagérait un peu les fatigues et les exigences de sa charge gratuite. Qu'on en juge plutôt: en 1790, ce n'est pas *cinq cents* pauvres que l'Hôpital de Vichy reçut, au printemps et à l'automne, pour faire usage des eaux, mais *trois cent soixante-neuf* seulement. Les autres chiffres donnés par Giraud me semblent être majorés dans la même proportion au moins que celui-ci.

par le gouvernement (1), intendants et médecins-inspecteurs qui ne dépendent, pour leurs fonctions et pour les soins qu'ils doivent donner aux pauvres, en rien ni pour rien de l'administration de l'hôpital civil de Vichy.

*
**

D'aucuns ont voulu voir, dans cette charge de fournir des *lits* aux pauvres, admis, pendant la saison d'été, à faire usage gratuitement des eaux minérales de Vichy, l'obligation pour l'hôpital civil de cette ville de *loger* ces pauvres dans son Hôtel-Dieu ou ailleurs. Ceux qui pensent ainsi n'ont certainement pas bien lu les Lettres Patentes du 23 mars 1716 ; ils ne les ont sûrement pas rapprochées de l'arrêt du Grand Conseil du Roy du 26 mars 1686 et, surtout, ils ignorent la manière dont on se soignait dans la *Maison du Roy* aux XVIIe et XVIIIe siècles.

Il y avait, dans cette *Maison du Roy*, à côté des caveaux où l'on prenait les bains et des locaux voûtés où l'on recevait les douches, plusieurs chambres avec des *lits* dans lesquels, après le bain ou la douche, les malades, essuyés et séchés par des linges chauffés, se couchaient et suaient pendant un temps qui n'était jamais moindre d'une heure environ (2). Pour les

(1) L'article 4 du *Règlement pour l'administration des eaux minérales de la commune de Vichy*, approuvé par le préfet de l'Allier le 13 prairial An VIII, disait : « L'inspecteur est tenu de « donner ses conseils et ses soins aux indigents admis à l'Hospice « pour y faire usage des eaux minérales. » L'arrêté du Directoire du 23 vendémiaire An VI, qui a créé les médecins-inspecteurs des eaux minérales, avait posé le principe « que les militaires blessés au service de la patrie et les indigents munis de certificats des autorités qui les auront adressés, constatant leurs blessures ou leurs infirmités, recevraient gratuitement les secours des eaux minérales. » Enfin, l'article 11 de l'Ordonnance royale du 18 juin 1823 porte « que les médecins inspecteurs continueront à soigner gratuitement les indigents admis dans les hospices dépendant des établissements thermaux et seront tenus de les visiter une fois par jour. »

(2) Voir la lettre de Mme de Sévigné à Mme de Grignan, du jeudi 28 mai 1676, tome IV de l'édition *Les grands écrivains de la France*, p. 468.

malades payants, l'Intendant fournissait ces *lits*, ces linges et les bois nécessaires à les réchauffer. Ce sont ces *lits*, ces linges et ces bois pour les pauvres que le Roy mit, à partir de 1716, à la charge de l'hôpital civil, et non des *lits* dans cet hôpital lui-même, où l'on ne prenait ni bains ni douches ; et non des lits pour loger ces pauvres. Il me semble qu'il ne peut pas y avoir de confusion possible dans le texte si clair des Lettres Patentes. Ce sont de *lits* pour les bains et les douches dont il s'agit seulement et non pas, je le répète, de *lits* dans l'hôpital lui-même, qui était distant de plus de cent toises de la Maison du Roy. Au reste, cela est si vrai que tous ceux qui ont voulu, après 1716, assurer à des indigents de leurs paroisses ou de leurs communes, mais étrangers à Vichy, le logement et la nourriture à l'hôpital civil de Vichy, *pendant la saison des eaux* (Mlle Marie-Anne Moriceau, l'abbé Pierre Delarbre, Mme la Comtesse de l'Espine, Mmes veuves Bernard et Michel, M. Guillaume Besseyre, M. du Miral, Mme et M. Emmanuel Masset, etc., etc.) ont fondé des *lits* dans cet hôpital *pour des buveurs d'eau*. Si l'hôpital de Vichy avait eu l'obligation, de par les Lettres Patentes de 1716, de loger et de nourrir ces *pauvres*, buveurs d'eau, point n'aurait été besoin, pour leurs bienfaiteurs, de leur assurer, moyennant finance, ces avantages. Cet hôpital, du reste, n'aurait pas été autorisé à recevoir le prix de ces fondations, s'il avait été doté, par l'Etat, pour assurer ce service gratuitement.

Au reste, pour se rendre compte que la dotation du *sou par bouteille* aurait été non seulement illusoire, mais fort onéreuse pour son bénéficiaire si l'hôpital de Vichy avait eu des *obligations* autres que celles de fournir, aux indigents, des lits, linges, bois et autres choses nécessaires aux bains ; si, par exemple, il avait été obligé de loger, de nourrir et de faire traiter tous les pauvres pouvant venir de France à Vichy, quel que soit leur nombre, il suffit de se rappeler que ce *sou par bouteille* ne rapporta, en 1718 et les années suivantes, aux finances hospitalières de Vichy, que la faible somme de *cinq cent vingt-huit francs* par année (1). Si l'on joint à cela l'exiguïté des logements utilisables dans l'Hôtel-Dieu de Vichy lorsqu'il était « dans la ville », près de la porte du Pont, exiguïté qui ne permettait la disposition, en été, que de quelques lits seulement, on comprendra facilement qu'il était impossible que les Lettres Patentes de 1716 comportassent, *en droit*, pour cet hôpital, des charges qu'il n'aurait pas pu supporter, charges que le Roy n'a jamais eu l'idée, du reste, de lui imposer ; charges que ses administrateurs, tous gens de qualité, de grand savoir et de grand bon sens, n'auraient pas acceptées pour lui, étant donné, surtout, que ces Lettres Patentes n'étaient, il faut bien se le rappeler, que la résultante d'un don gracieux de l'Hôpital civil de Vichy à l'intendant Chomel, don d'une certaine importance pour l'époque, il importe de le souligner.

*
* *

En fait, l'hôpital civil de Vichy continue, après les Lettres Patentes de 1716, à faire ce qu'il a toujours fait avant ces Lettres : il reçoit, par charité, *et autant qu'il le peut*, ceux qui sont sans ressources et qui viennent à Vichy chercher la santé ; il les héberge suivant la place restreinte dont il dispose dans la vieille « Maison des Passants », et les nourrit du mieux que ses ressources lui permettent, le Roy assurant, *seul*, leurs soins médicaux par son Intendant des Eaux minérales.

Mais, je le répète, l'Hôpital Civil de Vichy n'est tenu, il n'est obligé à rien de tout cela : la preuve en est que lorsqu'il y sera forcé par les circonstances et les exigences de son budget, il fera payer à ses buveurs d'eau, pour *frais de séjour* seulement (logement et nourriture), un prix de journée qu'il fixera lui-même et qu'il augmentera suivant ses be-

____

(1) *Archives Hospitalières de Vichy*, B. 12. (Liasse). Bail Langlois du 6 février 1718.

soins, et cela sans que jamais l'Etat puisse s'y opposer, ou lui fasse, à ce sujet, la moindre observation plausible en s'appuyant sur les Lettres Patentes du 23 mars 1716 (1).

*
**

Après Claude Crézol, après Jacques Dupré, après Claude Fouët, ce sont les Intendants des Eaux minérales de Vichy Jacques-François Chomel, Charles Bouérot, François-Hubert Chapus et Emmanuel Tardy, aidés, depuis 1696 et jusqu'en 1734, d'abord, par trois filles de la Charité de l'institution de M. Vincent (2), puis, à partir de 1734, par quatre de ces

(1) Jusqu'en 1810, la gratuité fut absolue pour tous les pauvres, quels qu'ils soient, admis à l'Hôtel-Dieu de Vichy. Une délibération du 15 juillet 1810 de la Commission administrative de cet Hôtel-Dieu décida qu'à partir du 16 août 1810, tous les malades étrangers, admis à l'Hôpital civil de Vichy *pour boire les eaux,* seraient tenus de payer, chacun, en rentrant, *douze francs tournois,* « vu la modicité du revenu de l'Hospice et la trop faible quête faite pendant la saison. » Cette perception se continua depuis le 16 août 1810 jusqu'en 1827. Une délibération du 9 octobre 1824 de l'administration hospitalière de Vichy, décida, en effet, qu'à partir de 1825 les personnes indigentes seraient admises à titre gratuit aux bienfaits de l'Hospice de Vichy, à la condition qu'elles remplissent certaines conditions énumérées dans le texte de la décision. Postérieurement, il fut convenu que cette décision du 9 octobre 1824 ne serait applicable qu'en 1827. On perçut donc encore *douze francs tournois,* par chaque buveur d'eau, pendant les années 1825 et 1826. A partir de 1827, la gratuité revint de nouveau, comme avant 1810, entièrement absolue à l'Hôpital de Vichy.
Par délibération du 2 septembre 1850, il fut décidé que les buveurs d'eau, étrangers au département de l'Allier, seraient tenus de payer, pour frais de séjour à cet hôpital, un prix de journée de 1 fr. 25. Le 3 février 1866, ce prix de journée fut porté de 1 fr. 25 à 2 fr., et en même temps les malades du département de l'Allier qui, « par une faveur exceptionnelle avaient ·été admis gratuitement jusque-là », furent assujettis à l'avenir à une rétribution de 0 fr. 50 par journée de présence. Cette rétribution fut portée à 1 fr. 30 à partir du 15 mai 1886, et cela par délibération du 6 janvier 1886. Ces prix de journée restèrent ainsi fixés — 2 francs pour les étrangers au département de l'Allier, et 1 fr. 30 pour les buveurs d'eau du département de l'Allier, — jusqu'en 1919. Cette année-là, ils furent de 3 fr. 75 pour les étrangers à l'Allier et de 2 fr. 50 pour les malades de l'Allier. En 1920, ils furent portés à 5 fr. pour les premiers et 4 fr. pour les seconds. Enfin, depuis 1921, ils sont de 7 fr. 50 pour les buveurs d'eau étrangers au département de l'Allier, et de 6 fr. 50 pour ceux du département de l'Allier.

(2) *Archives Hospitalières de Vichy.* F. 4. (Liasse).

religieuses (1), et secondés depuis 1723 environ par Etienne Plantade, chirurgien juré, qui assurent, jusqu'en 1754 (2) le service médical, chirurgical et pharmaceutique de l'hôpital civil du bas de la ville, près de la porte du Pont et de la poterne Guinaud, hôpital civil qui n'a que 22 lits pour « les infirmes et les invalides qui sont paroissiens » et pour les 60 pauvres étrangers qui, pendant les mois de mai et de septembre, « temps propres à la boisson des eaux, bains et douches », occupent successivement, en deux reprises, les quinze de ces lits qu'on peut, difficilement parfois, mettre à leur disposition (3).

*
* *

Le 15 mars 1741, l'abbé Pierre Delarbre, curé de Vichy, « considérant que l'Hôtel-Dieu de cette ville « est mal situé, dans un lieu bas et humide, à cause « de la proximité de la rivière de l'Allier (4), en « sorte que dans les crues de la dite rivière les caves « et offices dudit hôpital se remplissent d'eau, que « la chapelle et la sacristie sont obscures, que les « ornements sacrés se gâtent, que les bâtiments du- « dit Hôtel-Dieu sont trop petits pour loger les pau- « vres de la paroisse et les étrangers qu'on y reçoit, « tous les ans, dans le mois de may et de septembre, « des différentes provinces du royaume et même de « la ville de Paris, pour boire les eaux, prendre les « douches et autres remèdes convenables ; qu'on ne

---

(1) *Archives Hospitalières de Vichy.* B. 4. (Liasse).

(2) En 1754, l'Hôpital situé « dans la ville » fut transporté hors des murailles et des fossés, près la fontaine du Gros-Boulet. (*Archives Hospitalières de Vichy.* E. 2. Registre.)

(3) *Archives Hospitalières de Vichy.* B. 62. (Liasse). Les malades couchaient, en ce temps-là, deux par lit à l'Hôtel-Dieu de Vichy.

(4) Cet Hôtel-Dieu se trouvait, dans le bas de la ville, entre la porte du pont et la poterne Guinaud, vis-à-vis de l'Hôtel du Cheval-Blanc ou de la Croix-Blanche, là où logea Mme de Sévigné pendant les deux saisons qu'elle fit à Vichy en 1676 et 1677, c'est-à-dire sur l'emplacement actuel de la place Sévigné et de l'Hôtel de Grignan, Section A n° 171 du plan cadastral de la commune de Vichy.

« peut les agrandir parce qu'il n'est pas situé dans
« un lieu commode et que les maisons voisines ne
« sont point en vente ; qu'il n'est composé que de
« quelques petites maisons jointes ensemble qui
« s'écroulent de vétusté, tantôt d'un côté, tantôt d'un
« autre, et qu'il faudrait un emplacement spacieux,
« bien situé, et en bon air pour les malades ; ledit
« sieur curé, afin de contribuer de tout son pouvoir
« à l'établissement solide et commode d'un Hôtel-
« Dieu très utile à tous les pauvres de sa paroisse,
« étrangers et soldats qui y viennent pour la bois-
« son des eaux ; et après avoir eu l'agrément et
« approbation de très haute et très puissante dame,
« Madame la Maréchalle Duchesse de Gramont,
« protectrice dudit Hôtel-Dieu, et à laquelle il doit
« son progrès et son établissement ; de son gré et
« bonne volonté, donne pour l'amour de Dieu et
« donne audit Hôtel-Dieu de la ville de Vichy par
« donation entre vifs pure et simple et irrévocable,
« en la meilleure forme que faire se peut... la mai-
« son, grange, jardin, enclos, aisances, appartenan-
« ces et dépendances, situés en cette paroisse de
« Vichy, au quartier du Gros-Boulet, appartenant
« audit sieur donateur et qu'il occcupe actuellement...
« laquelle maison, jardin et enclos il a acquis, par
« contrat passé par-devant Guérin et Paletant, no-
« taires royaux de cette ville de Vichy, le 8 avril
« 1728, des héritiers de feu Messire Joseph Mares-
« chal, vivant docteur en théologie, abbé commen-
« dataire de l'abbaye royale de Montpeyroux et curé
« de cette paroisse de Vichy, déclarant n'avoir ja-
« mais, pour raison d'icelles, payé de cens.
    « La dite donation ainsi faite à la charge......
« Et, encore, à la charge que les dits sieurs admi-
« nistrateurs recevront à perpétuité toutes les an-
« nées, pendant quinze jours dans le mois de may
« et quinze jours dans celui de septembre, ou un
« mois tout de suite, un pauvre habitant de la pa-
« roisse de Saint-Jean-Baptiste de Laprugne, diocèse
« de Clermont, de laquelle le sieur donateur a été

« curé, lequel pauvre sera nommé par le dit sieur
« fondateur pendant sa vie dès qu'il aura abandonné
« sa maison audit Hôtel-Dieu et, après son décès,
« par M. le Curé et les fabriciens de la dite paroisse,
« auquel pauvre on fera boire les eaux, prendre les
« douches et autres remèdes convenables gratis
« comme aux autres pauvres étrangers..........
. . . .

« Déclarant au surplus que son intention est que
« l'Hôtel-Dieu soit un jour étably et construit dans
« l'enceinte de ladite maison et dépendances, sans
« néanmoins que ladite présente déclaration puisse
« donner aucune atteinte à la dite donation. » (1)

Cette maison, avec sa grange, son jardin, son enclos, ses aisances et dépendances, que l'abbé Delarbre
donnait à l'Hôtel-Dieu de sa ville, était située, hors
les murs, près de la fontaine minérale du Gros-Boulet,
en façade sur le chemin du Port à la Ville, sur la
grande route de Vichy à Cusset et sur le chemin des
Bains en traversant la *Croix du Plan*. Il occupait :
1° ce qui est devenu, après 1898, le parc de la Source
de l'Hôpital avec son kiosque de musique, son abri,
ses galeries couvertes et les magasins qui l'entou-
rent ; 2° l'emplacement des Bains de l'Hôpital ; 3°
une partie de la rue de Banville ; 4° une partie de
la rue du Casino ;   5° une partie du Café de la
Restauration ; 6° enfin, une partie de la place
Victor-Hugo. En 1812, tout cela fut cadastré : Section
A, n°s du plan 224, 225, 226, 235, 236, 237, 238,
241 et 249, pour une superficie de 18.698 mètres
carrés.

Dès le lendemain de sa donation, l'abbé Delarbre,
sans perdre de temps, se mit au travail pour atteindre au but qu'il se proposait; transporter le vieil
Hôtel-Dieu malsain, de la ville au quartier du Boulet,
là où il aurait de l'air, de l'espace, du jour et du
soleil, ce qui lui manquait alors. Pour cela, il acheta

(1) *Archives hospitalières de Vichy*, B. 6. (Liasse). Acte de
Vigier, notaire royal.

aux Bénédictins de Saint-Alyre de Clermont, une maison et une grange que ceux-ci possédaient encore au Moûtier, près de l'église Saint-Christophe; puis il fit accepter ce marché par ses collègues de l'Administration hospitalière, qui donnèrent l'entreprise de la démolition de ces immeubles et de l'emploi de cette démolition pour la construction du nouvel Hôtel-Dieu; il trouva encore soit dans sa bourse, soit dans celles des personnes charitables qu'il sollicita, les sommes nécessaires au paiement du travail fait ou à faire et, en 1754, on déménagea, enfin, de la vieille ville, l'Hôpital civil qui s'installa, presque luxueusement pour l'époque, dans les nouveaux bâtiments qu'il devait entièrement non seulement à la générosité du curé de Vichy, mais aussi, mais surtout à sa persévérance et à sa volonté de mener à bien l'œuvre de charité à laquelle messire Delarbre s'était tout entier dévoué.

Les bâtiments proprement dits de ce nouvel hôpital formaient un assez vaste quadrilatère mesurant, en longueur, cinquante mètres environ sur trois de ses côtés et quarante sur le quatrième. Sa grande porte cochère s'ouvrait sur le chemin du Port, presque en face, et à vingt mètres seulement, de la source du Gros-Boulet. Au milieu de sa cour intérieure, on planta un catalpa qui vécut aussi longtemps que lui. A droite de son entrée, se trouvait le logement du portier, puis la salle des pauvres qui occupait le bâtiment de droite et celui de face, c'est-à-dire l'ancienne maison Mareschal réparée et agrandie. Dans le bâtiment de gauche, il y avait « l'apotiquairerie » et la chapelle (1). Une cour séparait ce dernier bâtiment des écuries, des greniers et d'une grange. Le reste de l'emplacement était pris par les jardins, un pré et aussi par une petite maison avec cour et une chambre où l'on faisait l'école vis-à-vis de la porte de France,

____

(1) Voir la description complète de cet Hôtel-Dieu dans l'*Histoire des Eaux Minérales de Vichy,* par Antonin MALLAT et le Dr J. CORNILLON, t. Ier, p. 494, 495 et 496.

près l'habitation et la cour appartenant « au sieur Burnolle ».

Cet hôpital auquel on ajouta, pendant le cours du XIXe siècle, quelques constructions nouvelles : celle du bâtiment central faisant face au portail d'entrée ; celle d'un bâtiment scolaire, d'une salle d'asile et d'un ouvroir s'ouvrant rue de la Source-de-l'Hôpital ; celle d'un clocher et d'une porte d'entrée à la chapelle vis-à-vis de la rue de l'Abbé-Delarbre, resta le même jusqu'à sa désaffectation, c'est-à-dire jusqu'en 1887. Il comprenait, à son début, vingt lits de femmes et trente d'hommes tant civils que militaires. Ce nombre de lits permettait de recevoir, pendant les mois de mai et de septembre de chaque année, deux cents malades buveurs d'eau environ. Lors de son abandon, en 1887, après 133 ans d'existence, il pouvait mettre à la disposition des pauvres 280 lits, et recevait, pendant chaque saison d'été, 600 malades buveurs d'eau environ.

C'est cet Hôtel-Dieu du Boulet qui supporta la grande crise révolutionnaire qui atteignit si fortement tous les hôpitaux de France. La loi du 23 messidor an 2 régla le mode de réunion de l'actif et du passif de ces hôpitaux au domaine national. L'hôpital de Vichy, privé à peu près complètement de toutes ses ressources, dut se résigner à réduire considérablement son action bienfaisante. Les réceptions de buveurs d'eau furent suspendues et on allait être obligé de fermer l'établissement lorsque la loi du 16 vendémiaire an 5 restitua aux hôpitaux et hospices en général, et à celui de Vichy en particulier, la jouissance de leurs biens, la jouissance de leurs rentes, la jouissance de leurs redevances antérieures.

Ce furent les intendants Emmanuel Tardy et Robert-Antoine Giraud, secondés par les frères Plantade et par Annet Noyer, chirurgiens-barbiers, qui, jusqu'en 1794, assurèrent le service médical et chirurgical de cet hôpital civil de Vichy. Après l'envoi de Robert-Antoine Giraud au tribunal révolutionnaire et son exécution, le 22 prairial an 2, Annet

Noyer resta seul à la tête de ces deux services. Puis, lorsque l'arrêté du Directoire du 23 vendémiaire an 6 eut remplacé les anciens intendants des eaux minérales par les médecins-inspecteurs de ces eaux, ce furent, à partir du 13 ventôse an 6 et jusqu'en 1887, ces médecins-inspecteurs et leurs adjoints : Rabusson-Durier, Lucas (1), Prunelle (2), Petit, Alquié (3), Dubois (4), Battaille, Willemin père (5), Cyr et J. Cornillon (6), qui donnèrent gratuitement leurs soins, dans cet hôpital civil du quartier du Boulet, aux buveurs d'eau pendant les étés, et, jusqu'en 1851, pendant toute l'année, aux malades ordinaires de la ville, aidés et suppléés, dans ce dernier service par le même chirurgien-barbier, Noyer père d'abord, et par Noyer fils ensuite.

Depuis Claude Crézol, Jacques Dupré et Claude Fouët, et jusqu'au 5 décembre 1851, l'Hôpital civil de Vichy, en effet, n'eut pas de médecin attitré. Quelques années après la mort de Geoffroy Plantade, les Directeurs de cet hôpital avaient nommé, le 16 août 1770, pour le remplacer comme chirurgien, Annet Noyer qui, en l'absence des intendants et des médecins-inspecteurs, cumulait, plus ou moins légalement, les fonctions de médecin et de chirurgien de l'Hôtel-Dieu. Le 1er juin 1821, Victor Noyer, officier de santé, était nommé, à la place de son père, chirurgien de cet Hôtel-Dieu. Docteur en médecine en 1832, il continua, plus que jamais, tout en n'étant que chirurgien de l'Hôpital civil de Vichy, de suppléer les médecins-inspecteurs Lucas et Prunelle pour les soins à don-

(1) Président de l'Académie de médecine en 1826.

(2) Membre correspondant de l'Institut et de l'Académie de médecine; ancien professeur à la Faculté de médecine de Montpellier.

(3) Ancien directeur de l'Ecole spéciale de médecine et de pharmacie du Val-de-Grâce.

(4) Ancien professeur à l'Ecole de médecine et de pharmacie d'Amiens.

(5) Membre correspondant de l'Académie de médecine.

(6) Ancien interne des hôpitaux de Paris.

ner aux malades de cet hôpital qui n'étaient pas buveurs d'eau. Mais, à partir de 1841, il eut quelques démêlés et des difficultés avec la Commission administrative dont il dépendait. Cette Commission administrative voulait l'atteindre coûte que coûte et, pour cela, sachant qu'il n'était pas médecin en titre de l'hôpital, elle décida de nommer à cette place un de ses confrères. Grâce à l'intervention, toute-puisssante alors, du médecin-inspecteur auprès de la Préfecture, Noyer, put, jusqu'à l'élection, en 1848, de Prunelle à la mairie de Vichy, éviter cette nomination qui l'aurait fortement touché. Le maire de Vichy, dont il était l'adjoint, le nomma, le 5 décembre 1851, au nom de l'administration hospitalière qu'il présidait, *médecin-chirurgien-chef* de l'Hôtel-Dieu, en même temps qu'il appelait le docteur Victor Nicolas au poste de *médecin-chirurgien-adjoint* (1).

Puis, après la mort de Noyer, les docteurs en médecine Gouttebessis, Nicolas père, Champagnat, Collas-Vallerix, Jardet père et Nicolas fils furent successivement *médecins-chirurgiens-chefs et médecins-chirurgiens-adjoints* à cet Hôtel-Dieu, près de la Source de l'Hôpital, et cela jusqu'à son transfert, en 1887, à la Croix-des-Renards.

De temps immémorial, il y a eu, à l'Hôtel-Dieu de Vichy, qu'il soit dans la ville ou au Boulet, une pharmacie qui, dans sa modeste sphère, a toujours apporté le concours le plus efficace et le plus recherché, à la guérison des malades indigents soignés à l'hôpital même et, aussi, à ceux qui, n'étant pas hospitalisés, ne pouvaient payer les remèdes dont ils avaient besoin. Pendant des siècles, cette pharmacie de l'Hôtel-Dieu, qui, au cours du XIXe siècle, fut, à Vichy, le « dernier salon où l'on cause », a rendu de très grands services à tout le monde, même à certains qui étaient complètement à l'abri du besoin. Entièrement dirigée, jusqu'en 1878, par les Filles de la Charité

(1) Voir: *Histoire contemporaine de Vichy de 1789 à 1889*, par Antonin MALLAT, p. 379 et suivantes.

de Saint-Vincent-de-Paul, qui y fabriquèrent, pendant longtemps, des Pastilles de Vichy au bicarbonate de soude fort renommées, cette pharmacie possède une superbe collection de *pots* et *cruches* de toutes formes, en belle faïence de Nevers du XVIIe siècle et, aussi, quelques registres manuscrits du XVIIIe siècle, dans lesquels on retrouve les principales formules de la pharmacopée de cette époque (1). Mise en demeure par l'autorité supérieure de faire gérer, conformément à la loi, son officine par un praticien diplômé, la Commission administrative de l'Hôpital civil de Vichy nomma, le 29 décembre 1878, M. Lupicien-Daniel Mercier, ancien pharmacien à Vichy, pharmacien en chef de l'Hôtel-Dieu de cette ville.

En 1887, au moment où l'Hôpital civil de Vichy va quitter le quartier du Boulet pour être transporté à la Croix-des-Renards, seize Filles de la Charité de l'ordre de Saint-Vincent surveillaient ses différents services.

*
* *

La question du déplacement de l'Hôpital civil de Vichy et de son transfert hors de la ville qu'il déparaît quelque peu, fut posée, pour la première fois, sur la demande de l'Empereur Napoléon III, en juillet 1864, par le Préfet de l'Allier. Ajournée pour des raisons d'ordre financier, elle fut reprise en 1876 et ne fut définitivement solutionnée que près de dix ans plus tard.

Le 4 mai 1885, en effet, l'administration hospitalière de Vichy procédait à l'adjudication des travaux de construction d'un nouvel Hôtel-Dieu à la Croix-des-Renards, d'après les plans et devis de M. Coquet, architecte à Lyon. Le 23 octobre 1887, ce nouvel hôpital était inauguré.

(1) Le 25 janvier 1759, les administrateurs de l'Hôpital civil de Vichy prennent une délibération par laquelle ils décident qu'à l'avenir les pauvres de cet hôpital seront purgés par des compositions indiquées par l'un d'eux, le « sieur Tardy », intendant des eaux minérales. La suite de la délibération, entièrement écrite de la main du docteur Tardy, contient dix formules de purgatifs avec la manière fort détaillée de les préparer et de s'en servir.

Dans le numéro du 5 novembre 1887 des *Annales de Médecine Thermale,* je publiais, sur ce nouvel hôpital, un article dans lequel je disais : « Le nouvel « hôpital-hospice de Vichy est situé à la *Croix des* « *Renards*, en dehors de l'agglomération de la popu- « lation et à quelques centaines de mètres seulement « du centre de la ville. Le terrain sur lequel il est « construit est déclive et sec ; on y accède facilement « par de larges voies de communication ; il serait « d'un choix irréprochable, à la condition qu'on ne « se servit pas, pour l'alimentation, de l'eau des puits « qu'on a creusé, car celle-ci, venant sourdre à tra- « vers le calcaire, a un degré hydrotimétrique tel, « qu'elle est impropre à bien des usages de la vie.

« L'emplacement, qui est clos de toutes parts par « un mur assez élevé, a la forme d'un rectangle « écorné à deux de ses sommets ; sa superficie est « de 58.690m2,50 ; les constructions occupent 9.290 « mètres carrés, c'est-à-dire moins d'un sixième de « la surface totale, ce qui est une excellente propor- « tion.

« C'est le *système à pavillons isolés* qu'on a emplo- « yé pour la construction de cet établissement, qui « contiendra environ 350 lits. En comptant la cha- « pelle et le logement de l'aumônier, il comprend « vingt bâtiments et 774 mètres de galeries couver- « tes reliant ensemble à peu près tous les services.

« Ces bâtiments, du moins ceux qui sont destinés « aux malades, aux vieillards et à l'orphelinat, sont « orientés, suivant leur grand axe, du nord-ouest au « sud-est. Cette orientation est défectueuse, car les « vents dominants du sud-ouest vont souffler dans « une direction perpendiculaire à la façade des « salles après avoir passé à travers toute la ville ; « il peut en résulter, d'abord, le transport des mias- « mes du dehors à l'intérieur de l'hôpital, ou même « d'une salle de malades dans celles qui se trouve- « ront plus loin. On aurait évité cela en orientant « les pavillons du nord-est au sud-est, mais la décli- « vité assez forte du terrain a empêché qu'il puisse

« en être ainsi ; nous le regrettons au point de vue
« de l'hygiène générale. »

Et je terminais cette critique, assez longue du
reste, après avoir indiqué que le coût de la dépense
totale s'éleverait à 1.830.000 francs, par les lignes
suivantes :

« Pour nous résumer, nous dirons qu'il semble
« qu'en édifiant le nouvel établissement hospitalier
« de Vichy on ait eu plus en vue l'aspect extérieur
« que la commodité intérieure. L'installation de
« l'Hôpital, dans ces nouveaux locaux, sera une amé-
« lioration certaine vis-à-vis de l'état actuel : mais
« il y a loin de la perfection cherchée au résultat
« obtenu (1). »

Aujourd'hui, cette « perfection cherchée » est
atteinte. Grâce à la sage administration des Commis-
sions hospitalières qui se sont succédé depuis 1887 ;
grâce à l'accroissement continuel des recettes, par
suite, surtout, de l'augmentation annuelle du produit
du *sou par bouteille ;* grâce aussi à l'esprit de progrès
et à la bonne volonté de tous ceux — médecins, chirurgiens ou autres — qui, directement ou indirecte-
ment, ont pu exercer une influence heureuse sur les
décisions à prendre en indiquant les meilleures,
l'Hôtel-Dieu de Vichy est un modèle qui est généralement cité et admiré, tant pour le « complet » de
ses ressources hospitalières que pour sa tenue intérieure absolument irréprochable.

On jugera facilement de la multiplicité de ces ressources par l'énumération rapide qui suit des différents services qui composent ce « complet » hospitalier :

1° SERVICE ADMINISTRATIF. — Ce service comprend
la Commission administrative prévue par la loi (2) ;

____

(1) *Les Annales de médecine thermale,* année 1887, p. 161 et
suivantes.

(2) La Commission administrative de l'Hôpital civil de Vichy
est actuellement composée de : MM. L. Lasteyras, officier de la
Légion d'honneur, maire de Vichy, *président ;* A. Blanchet, propriétaire, *vice-président ;* le Commandant Th. Arizzoli, officier de

un directeur qui est en même temps secrétaire de cette Commission administrative ; un économe ; un receveur ; deux commis aux écritures et un architecte (1).

2° SERVICE MÉDICAL.— Le service médical se divise en deux services bien distincts : *a*) le service médical permanent ; *b*) le service médical temporaire des buveurs d'eau.

a) *Service médical permanent*. -- Après avoir été, de 1887 à 1897, un service unique à la tête duquel se trouvait un seul médecin-chef, il est, depuis le 22 février 1897, subdivisé lui-même en deux services : celui des hommes qui comprend la salle Lucas (20 lits), la salle Petit (7 lits), une salle militaire (10 lits), un service d'isolement pour contagieux (8 lits) et pour tuberculeux (7 lits) ; celui des femmes, qui comprend la salle Saint-Vincent (20 lits), la salle Sainte-Marie (3 lits), un service d'isolement pour contagieuses (8 lits) et pour tuberculeuses (5 lits).

Depuis 1887, les médecins-chefs de ce service médical permanent ont été MM. les docteurs Champagnat, Desmaroux père, Chabrol, Cahen, Beaudonnet et Guinard.

b) *Service médical temporaire des buveurs d'eau*. -- Ce service comprend, du côté des hommes, la salle Prunelle (36 lits) et la salle Delarbre (36 lits) ; du côté des femmes, la salle Gramont (51 lits) et la salle Noailles (42 lits). Il fonctionne, du 14 mai au 1er octobre de chaque année, comme un véritable *hôtel meublé*, sans chambres individuelles, hôtel où l'on est admis que dans certaines conditions déterminées, moyennant un prix journalier variable sui-

la Légion d'honneur, *ordonnateur* ; le docteur A. Therre, officier de la Légion d'honneur ; P.-V. Léger, docteur de l'Université de Paris, conseiller municipal, et E. Pinaud, négociant, conseiller municipal, *administrateurs*.

(1) M. G. Dubessay est directeur-secrétaire ; M. L. Charret, chevalier de la Légion d'honneur, est économe ; M. F.-J. Kindler, médaillé militaire, est receveur ; MM. Gaston Boissier et A. Barthelat sont commis aux écritures ; MM. A. Percilly et Brière sont architectes.

vant la cherté de la vie et payable d'avance. Mais ce prix, de même que celui que d'autres indigents payent dans d'autres *hôtels meublés* de la ville, ne comprend ni les soins médicaux, ni les bains, ni les douches, ni les médicaments, ni les recherches analytiques, ni les examens radiographiques, etc. etc. Il ne s'applique exclusivement qu'aux frais de séjour proprement dits, c'est-à-dire au logement et la nourriture. C'est l'Etat qui a la charge des soins médicaux, des bains et des douches. Ces bains et ces douches sont donnés, gratuitement, aux pauvres quels qu'ils soient, c'est-à-dire qu'ils logent à l'Hôtel-Dieu ou dans un autre *hôtel* de la ville, à l'Etablissement thermal de 3me classe, rue Alquié. Quant aux consultations médicales, elles étaient, avant le 27 mai 1889, une des principales charges de la fonction des médecins-inspecteurs qui en avaient hérité de leurs prédécesseurs, les intendants des eaux minérales.

Le 27 mai 1889, un arrêté ministériel — dans lequel on lisait: « considérant que dans d'autres « stations thermales encore pourvues d'un médecin-« inspecteur, *les engagements pris par les docteurs* « *en médecine exerçant dans la localité* (1) ou par « les conseils municipaux *assurent les soins gratuits*

(1) Cet engagement pour Vichy est contenu dans le document suivant:

« Vichy, le 7 juin 1886.

« Monsieur le Ministre,

« Les soussignés, docteurs, médecins consultants, résidant à Vichy, pensant que la principale objection qui peut être opposée à la suppression de l'Inspectorat est la difficulté, pour l'Etat, d'assurer le service médical gratuit:

« S'ENGAGENT: 1° *à traiter comme leurs malades payants, tous les malades gratuits qui leur seront envoyés par l'administration;* 2° à faire, à tour de rôle et gratuitement, le *service de l'Hôpital* pendant une période de trois ans, temps paraissant nécessaire pour suivre un traitement et en tirer des conclusions utiles au point de vue scientifique.

« *Signé:* Aurillac, Barudel, Beaume, Biernawski, Bignon, Blanchet, Cohadon, Charnaux, Carles, Cormack, Champagnat, Fournier, Frémont, Frantz Glénard, Grellety, Halbron, Jardet, de Lalaubie, Lugagne, Morot, Navault, Nicolas, Collongues, Passaquay, Millet-Lacombe, Reignier, Roux, de la Salzède, Souligoux, Therre, Versepuy, Windrif. » (*Archives départementales de l'Allier,* Série X, dossier 529).

« à donner aux indigents admis à faire usage des
« eaux minérales » supprima le poste d'inspecteur,
— et par voie de conséquence, ceux d'inspecteurs-
adjoints — dans la station d'eau minérale de Vichy.
Mais cette suppression n'entraîna pas, pour l'hôpital
civil de Vichy, l'obligation de fournir, à ses frais et
à ses risques et périls, des médecins aux indigents
buveurs d'eau qu'il hébergeait et nourrissait, moyennant un modeste prix de journée. Ce furent les médecins de la station qui s'y étaient engagés, vis-à-vis
de l'Etat — et non pas vis-à-vis de l'Administration
hospitalière — qui firent, pendant cette année 1889
et la suivante, d'après une désignation au hasard, le
service des buveurs d'eau à l'Hôtel-Dieu de Vichy.
Il s'en suivit, à cet Hôtel-Dieu, une situation into-
lérable et un désordre tel, qu'il fallut, avant la saison
de 1891, qu'on y mit ordre, si l'on ne voulait pas
voir l'anarchie la plus fantaisiste et la plus complète
régner dans ce service des buveurs d'eau. Pour y
mettre fin, la Commission administrative accepta
bénévolement de se substituer à l'Etat pour choisir
elle-même un certain nombre de médecins de la station thermale (huit en moyenne), qui seuls seraient
qualifiés, tant qu'ils ne démissionneraient pas, pour
soigner, *chacun, alternativement, pendant vingt-et-
un jours seulement*, les indigents buveurs d'eau
hospitalisés. Et, depuis, il en a été et il en est toujours ainsi. Mais, je le répète, tout ce que l'Hôpital
civil de Vichy fait, pour ces buveurs d'eau, en dehors
du logement et de la nourriture qu'ils payent, il le
fait par pure charité et sans qu'il le doive. C'est
ainsi qu'il distribue à cette clientèle spéciale les médicaments dont elle a besoin et qu'il met à sa disposition, à la condition qu'elle n'en abuse pas, son laboratoire d'analyses chimiques et biologiques et son
installation radiographique. Mais elle ne doit rien de
cela à ces malades qui ont un domicile de secours et
à qui l'Etat s'est toujours assez intéressé pour leur
désigner, lui-même, les médecins qui devaient les
soigner aussi bien à l'Hôtel-Dieu qu'en ville pour

ceux qui ne pouvaient être hospitalisés. Donc, il faut que les médecins qui traitent ces indigents — et qui ne sont pas plus médecins de l'Hôpital civil qu'ils ne le sont d'un hôtel quelconque de Vichy, de l'Hôtel du Parc, de l'Hôtel de l'Amirauté ou de l'Hôtel de la Providence, par exemple; qui ne sont, somme toute, que des *intérimaires*, chargés, en l'absence d'un médecin-inspecteur et de médecins-inspecteurs-adjoints du service médical gratuit des buveurs d'eau à l'Hôpital civil de Vichy, — il faut, dis-je, que ces médecins se rappellent toujours que si, par hasard, ils veulent trop exiger de l'Administration hospitalière de Vichy, ils courent grand risque de ne rien obtenir de cette Administration qui a toujours, vis-à-vis d'eux, la ressource de les renvoyer à l'Etat dont ils dépendent, *puisqu'ils remplacent les médecins-inspecteurs*, pour réclamer ce qu'elle refuse de leur accorder, alors qu'ils ne passent chacun que *vingt-et-un jours* par an, environ, dans une des salles *du service des buveurs d'eau de l'Hôtel-Dieu de Vichy.*

Pendant la saison d'été 1888, ce service des buveurs d'eau fut fait, à l'hôpital civil de la Croix-des-Renards, par les trois médecins-inspecteurs-adjoints : MM. Alexandre Willemin père, Jules Cyr et Jean Cornillon. Après eux, ce fut la foule qui leur succéda : *turba ruit* ou *ruunt*. Il n'est guère, à l'heure actuelle, de médecins consultants à Vichy, depuis un certain temps tout au moins, qui n'aient été ou qui ne soient plus ou moins médecins du service des buveurs d'eau de l'Hôpital civil. Pour ne pas les nommer tous, — ils sont si nombreux que cela serait fastidieux, — je n'en nommerai aucun.

SERVICE CHIRURGICAL. — Le service chirurgical, très embryonnaire à son début, fut véritablement créé, le 14 septembre 1888, par M. le docteur Poncet (de Cluny), médecin principal de 1re classe en retraite, ancien professeur d'anatomie à l'Ecole de Médecine et de Pharmacie militaire du Val-de-Grâce. Aujourd'hui, ce service, magnifiquement installé et outillé, est aussi important et peut se mesurer avec n'importe quel autre service similaire des plus grandes villes de province. Après Poncet (de Cluny), il eut et a comme chirurgiens-chefs les docteurs en médecine Nicolas fils, Maire, Clergier, Laffont et Phelip, sans compter les nombreux intérimaires, tous médecins mobilisés, qui y opérèrent pendant la guerre. On se demande, généralement, pourquoi ce service chirurgical, *dans l'intérêt des malades*, n'est pas encore dédoublé, alors que le service médical permanent, beaucoup moins important que lui, l'est depuis longtemps ; alors, surtout, que l'Administration hospitalière de Vichy peut disposer actuellement de deux chirurgiens d'une rare habileté, d'un talent remarquable et d'une science approfondie : le docteur Phelip, ancien chef de clinique chirurgicale à la Faculté de Médecine de Paris, et le docteur Mouriquand, un des plus brillants élèves de l'école chirurgicale lyonnaise, qui, pendant la guerre, a été chirurgien consultant du 40e corps d'armée.

M. le docteur Desgeorges est attaché, comme médecin consultant, à ce service chirurgical qui dispose, pour les hommes, de la salle Fouët (6 lits), de la salle Noyer (8 lits) et de la salle Jardet (11 lits) ; et, pour les femmes, du Pavillon Léon Maire, rez-de-chaussée (11 lits) et premier étage (16 lits).

SERVICE DE RADIOGRAPHIE. — Ce service entièrement réorganisé et complété est, depuis le 19 mars 1923, dirigé par M. le docteur Aymard, le radiographe bien connu de l'Etablissement thermal de Vichy.

SERVICE D'ACCOUCHEMENT ET MATERNITÉ. — Ce merveilleux service, dont le docteur Therre a été le premier chef, est entièrement son œuvre. C'est lui qui, en 1888, l'a conçu et l'a voulu tel qu'il existe aujourd'hui. Il comprend une maternité proprement dite (23 lits et 9 berceaux) et un isolement de maternité (8 lits et 11 berceaux). Lorsque M. le docteur Therre abandonna volontairement sa maternité, après l'avoir dirigée pendant 32 ans, ce fut M. le docteur Cornil Alfred qui lui succéda.

Mmes Moreau, Grellet et Dubessay, sages-femmes, ont été ou sont encore attachées à la maternité de l'Hôpital civil de Vichy.

SERVICE DES SPÉCIALITÉS (*yeux, gorge, larynx, nez, oreilles*). — Ce service dispose de 14 lits, tant pour les hommes que pour les femmes. Primitivement, il ne recevait que les maladies des yeux. Le docteur Nicolau-Baraqué, à partir du 28 juillet 1899, en a été le médecin-chef pendant la saison d'été; l'hiver, il était suppléé par M. le docteur Georges Valois, de Moulins. Après M. Nicolau-Baraqué, on adjoignit à ce service les maladies du larynx, de la gorge, du nez et des oreilles, et il eut alors et il a maintenant comme médecins-chefs le docteur Blanchet d'une part, et le docteur André Vallerix, d'autre part.

SERVICE ANNEXE (maladies vénériennes). — Cette création de l'Etat est un service externe de l'hôpital civil de Vichy. Il dispose de 6 lits seulement et est assuré par le docteur Rajat.

SERVICE DE LA PHARMACIE. — Il y a eu, comme pharmaciens en chef à l'Hôtel-Dieu de la Croix-des-Renards, MM. Mercier, Desbrest et, temporairement pour la durée de la guerre, M. Gautrelet. Je suis, depuis le 1er avril 1920, à la tête de ce service auquel on a joint, le 6 juin 1920, celui du laboratoire Salignat (chimie, biologie, bactériologie et hydrologie).

SERVICE DENTAIRE. — Ce service est confié à M. Letierce, chirurgien-dentiste de la Faculté de Paris.

SERVICE MÉCANOTHÉRAPIQUE. — C'est M. Bégonin, massothérapeute diplômé, qui est appelé, lorsque des cas, qui ressortent à sa spécialité, ont besoin de ses soins.

SERVICE DES ALIÉNÉS DE PASSAGE. — Deux lits, dans des sortes de cabanons capitonnés, sont affectés aux aliénés dangereux avant leur transport, soit à l'asile de Moulins, soit ailleurs.

SERVICE D'ISOLEMENT TEMPORAIRE. — Il existe 6 lits dans un bâtiment hors des murs d'enceinte de l'Hôtel-Dieu pour assurer un service complet d'isolement en cas d'épidémie grave (choléra, typhus, etc.)

SERVICE DE DÉSINFECTION. — Ce service, qui est exclusivement réservé à l'Hôpital civil; qui n'est pas, par conséquent, un service public, est assuré par l'emploi journalier d'une étuve de Geneste et Herscher, et fonctionne admirablement sous la direction du mécanicien Boutonnet.

SERVICE DU CULTE CATHOLIQUE. — Ce service est assuré, dans une superbe chapelle, par M. l'abbé Cornier, prêtre séculier du diocèse de Moulins.

SERVICE AGRICOLE. — Une ferme de 10 hectares 83 ares, 96 centiares 27, est jointe à l'Hôpital civil de Vichy. Les terres de cette ferme sont situées sur les territoires des communes de Vichy et de Cusset. Elle fournit à son hôpital tout le lait dont il a besoin et d'autres produits encore. C'est M. l'administrateur Blanchet qui dirige ce service agricole.

*
**

L'HOSPICE DE VICHY, qui dépend entièrement, en tout et pour tout, de l'Hôpital civil, et dont les dortoirs et les réfectoires occupent deux corps de bâtiments parallèles à ceux des salles des malades, mais au-delà de celles-ci, comprend 26 lits pour les vieillards hommes, 27 lits pour les vieillards femmes, 30 lits pour les orphelins et 35 lits pour les orphelines.

*
**

Si, maintenant, l'on récapitule le nombre des lits dont dispose l'Hôpital civil de Vichy, soit pour ses malades de la ville et des environs, soit pour son Hospice, soit pour son Hôtel à l'usage des buveurs d'eau pendant la saison d'été, on arrive au chiffre total de 493, dans lequel ne sont compris ni les lits des 27 Filles de la Charité de l'Ordre de Saint-Vincent, qui dirigent et surveillent les différents services que j'ai énumérés ci-dessus, ni ceux du nombreux personnel qui aide ces 27 religieuses dans leur labeur quotidien.

L'Hôpital civil de Vichy est donc un grand hôpital de province, dont le budget des recettes a atteint, en 1923, le chiffre, encore insuffisant, de *1.193.794 fr. 03,* dans lequel le *sou par bouteille* est intervenu pour *442.127 fr. 40* et le droit des pauvres sur les concerts et spectacles divers pour *254.451 fr. 79.*

(Le *Centre Médical,* n° du 1ᵉʳ octobre 1924, p. 213, et n° du 1ᵉʳ novembre 1924, p. 244).

L'HÔPITAL MILITAIRE THERMAL DE VICHY

Au contraire de l'Hôpital civil, l'Hôpital militaire de Vichy est, en temps de paix (1), essentiellement un hôpital militaire *thermal*, c'est-à-dire qu'on n'y soigne, exclusivement, pendant les mois d'été qu'il est ouvert, que des malades ayant besoin de boire les eaux et de faire un traitement thermal.

Dans tous les autres cas, c'est l'Hôpital civil de Vichy, lié par une convention spéciale avec le service de santé, qui reçoit, en tout temps, les militaires de toute origine et de tous grades atteints, en service ou en permission, de maladies aiguës ou de cas chirurgicaux. Les hospitalisés de l'Hôpital militaire thermal eux-mêmes, qui, pendant leur séjour à Vichy, contractent des maladies aiguës intercurrentes, sont immédiatement évacués sur l'Hôpital civil. En 1924, par exemple, *huit* de ces hospitalisés ont dû être transportés ainsi de l'Hôpital militaire thermal dans les salles ou les chambres de l'Hôpital civil, salles et chambres réservées, par traité, au service de santé militaire.

Avant 1847, c'est-à-dire avant l'ouverture de l'Hôpital militaire thermal actuel, l'Hôpital civil de Vichy était une sorte d'hôpital *mixte*, recevant, pendant les mois de saison surtout, aussi bien les malades civils de toute la France que les soldats de toutes armes ayant besoin de « prendre les eaux ». On trouve, en effet, dans les *Archives hospitalières* antérieures à 1790 quelques traces, sous l'ancien régime, de ces hospitalisations thermales qui duraient généralement de trois à quatre semaines. C'est ainsi

---

(1) En temps de guerre, l'Hôpital militaire thermal de Vichy devient un hôpital militaire ordinaire et fonctionne comme tel.

qu'en 1764, le trésorier général, pour l'extraordinaire des gens de guerre, fait verser à la caisse de l'Hôpital civil de Vichy 6 l. 18 s. 7 d. pour médicaments fournis aux soldats de Sa Majesté « en traitement pour les eaux » ; c'est ainsi qu'en 1783 et 1784, le Roi accorde à l'Hôpital civil de Vichy, des gratifications extraordinaires de 400 l. et de 373 l. « pour cause des traitements faits par des soldats pendant la saison des eaux » ; c'est ainsi que le 20 juin 1790, le trésorier général de la guerre fait payer 999 l. 7 s. 4 d. pour la dépense faite, de 1785 à 1788 inclus au compte du Roi, à l'Hôpital civil de Vichy, par les grenadiers, soldats et cavaliers de différents régiments.

Sous la Révolution, sous le Premier Empire, sous la Restauration, sous la Monarchie de Juillet, il en fut de même, ici, que sous l'ancienne monarchie. L'Hôpital civil de Vichy recevait, pendant les mois d'été, dans ses salles de buveurs d'eaux, aussi bien les militaires malades que les civils indigents, et donnait à tous et sans compter le même logement, la même nourriture. Avant 1792, ces militaires, comme les civils, étaient soignés par les médecins intendants des eaux ; à partir de l'An VI, ils le furent par les médecins-inspecteurs Rabusson-Durier, Lucas et Prunelle ; par Prunelle qui, dans une lettre au Ministre, du 24 août 1839, écrivait : « Il faut « appeler aux eaux de Vichy, par l'établissement, « à l'Hôpital civil, de deux salles militaires, l'une « pour les officiers, l'autre pour les soldats, les « militaires chez lesquels le ciel dévorant de l'Algérie « décide un si grand nombre de maladies dans les « voies digestives. Cet établissement est réclamé par « les officiers généraux chargés des inspections. » (1)

*
**

Cette conquête de l'Algérie ayant nécessité des expéditions toujours plus nombreuses et le séjour,

______

(1) Voir : A. MALLAT, *Histoire des Eaux Minérales de Vichy,* tome troisième, premier fascicule, page 233.

sur le territoire africain, d'une forte armée, le gouvernement de Juillet ne tarda pas à s'apercevoir qu'il était obligé de rapatrier beaucoup de soldats à cause des fièvres intermittentes, des dysenteries et des hépatites dont ils étaient atteints. Toutes ces maladies étant traitées avantageusement par les eaux de Vichy, le ministre de la Guerre fit demander, le 7 juin 1842, à l'Administration hospitalière de cette ville, de bien vouloir mettre à sa disposition une ou deux salles assez vastes pour loger quarante ou cinquante militaires pendant la saison d'été, au prix de 1 fr. 50 par jour.

La Commission de l'Hôpital civil ne crut pas devoir répondre à cette invitation. Plusieurs lettres de rappel lui furent adressées : même silence. Enfin, le préfet de l'Allier se vit obligé de se rendre à Vichy afin de s'enquérir des motifs de ce mutisme. Le maire, Christophe-Théodose Bulot, ayant eu vent sans doute de ce déplacement, partit en voyage, de telle sorte que le préfet revint à Moulins sans avoir pu se renseigner sur ce qui l'intéressait. Mécontent de ce sans-gêne, il ordonna formellement à la Commission de faire préparer un projet comportant des constructions nouvelles suffisamment importantes pour loger cinquante malades.

Ce travail fut confié à Roze-Beauvais, architecte de l'Etablissement thermal, qui se mit aussitôt à l'œuvre, et, le 26 février 1843, il remettait à la Commission un plan avec un devis s'élevant à près de 20.000 francs.

On rédigea, séance tenante, une délibération par laquelle on décidait que cette somme serait à la charge de l'Etat, ainsi que les frais d'ameublement, literie, lingerie et autres accessoires de ce service; que l'Hôpital resterait seul propriétaire des constructions et du mobilier dans le cas où leur destination serait changée par l'autorité supérieure ; enfin que, dans ces conditions, on acceptait le prix de 1 fr. 50 proposé. Un mois plus tard, le médecin-inspecteur des Eaux, Prunelle, approuvait l'étude de

Roze-Beauvais, et le préfet l'homologuait également; rien, désormais, ne s'opposait plus à son exécution. Mais, cette fois-ci, ce fut le ministre de la Guerre qui mit obstacle à sa réalisation. Il prétendit que l'endroit choisi pour bâtir des salles capables de loger quarante ou cinquante malades n'était pas assez spacieux, qu'il était trop retiré et mal ensoleillé et qu'il serait préférable d'élever ces constructions sur la façade de l'Hôpital lui-même. Le projet Roze-Beauvais fut remanié, élargi, et le devis atteignit alors le chiffre de 29.000 francs, non compris le mobilier, qui était évalué à 12.000 francs. A son tour, la Commission administrative refusa son approbation, sous le prétexte qu'elle ne pourrait jamais acquitter une aussi forte dépense.

L'autorité supérieure eut beau multiplier ses instances, elle ne put parvenir à lui faire rompre le silence. Cependant, à la suite d'une démarche personnelle de l'intendant militaire de Clermont-Ferrand, la Commission se décida à délibérer de nouveau sur cette question, mais ce fut pour refuser plus énergiquement encore que précédemment les propositions du gouvernement. En effet, dans sa séance du 14 juillet 1846, elle exprimait le regret qu'on n'eût pas accueilli ses propositions favorablement dès le début, parce que les fonds dont elle aurait pu disposer à ce moment-là avaient reçu une autre affectation, et qu'il lui était impossible de s'en procurer de nouveaux. Voulant, néanmoins, témoigner jusqu'au bout sa bonne volonté, elle offrait au ministre de la Guerre, dans l'intérêt de l'armée et par mesure de philanthropie, les deux salles des malades buveurs d'eau, pendant août et septembre, à raison de 1 fr. 50 par jour et par malade.

Le mauvais vouloir de la Commission vis-à-vis de l'Etat était des plus manifestes, mais il était facile d'en triompher, à condition qu'on connût positivement le but poursuivi, et qu'on montrât plus de suite dans les idées. Pendant tous ces pourparlers, qui durèrent quatre ans, il y eut de fréquents courants d'opinion au ministère de la Guerre. Au début des négociations, on y était partisan d'un Hôpital thermal mixte, comprenant à la fois des militaires et des civils; à partir de 1844, on l'était beaucoup moins, et, au commencement de 1846, on inclinait vers la création d'un établissement hospitalier indépendant. Le terrain était donc fortement miné lorsque parut la délibération du 14 juillet 1846, qui fut suivie d'une rupture complète entre les parties en cause.

*
* *

Pour créer un hôpital militaire thermal indépendant, il fallait, ou construire un immeuble, ou en acheter un, dans lequel on installerait tous les services à peu de frais. C'est à cette combinaison que s'arrêta le ministre de la Guerre. Il envoya à Vichy une Commission composée du sous-intendant militaire Duplantier, du capitaine du génie Davoust et du médecin militaire Barthez.

Ces trois commissaires se réunirent à Vichy, à la fin de la saison de 1846, et, après mûr examen et une enquête approfondie, ils portèrent leur choix sur l'Hôtel Cornil, qui appartenait à Pierre-François-Geoffroy Cornil, plus connu à Vichy sous le nom de Cornil des Bains.

Cet Hôtel Cornil, construit en 1827, était situé, en 1846, à l'entrée de Vichy, du côté de Cusset. Le bâtiment principal, entièrement isolé, était séparé du chemin des Bains à Cusset par une cour de 13m50 de large, plantée d'arbres. Il mesurait 34m80 de long sur 15m60; il était exposé au Midi et se trouvait à cent et quelques mètres de l'Etablissement thermal et de la Grande-Grille et en face de la source Lucas. Les jardins qui l'entouraient de divers côtés en rendaient le séjour agréable et hygiénique et permettaient, en outre, de construire de nouveaux pavillons si le nombre croissant des malades l'exigeait, car leur superficie totale était de 1 hectare 9 ares.

La Commission le visita dans tous ses détails, et elle constata qu'il était ainsi distribué:

Au rez-de-chaussée: cuisine et accessoires, salle à manger, vaste et beau salon, logement pour les maîtres de l'hôtel et les domestiques.

Le premier étage était divisé par un corridor longitutinal de 1ᵐ95 de large, ouvert sur les deux pignons et donnant accès à dix-sept chambres dont neuf avec cabinet et huit avec cheminée.

Le second étage était distribué comme le premier: dix-sept chambres dont neuf avec cabinet et huit avec cheminée.

Le troisième étage comprenait dix-sept chambres éclairées par des châssis à tabatière; plus un grenier servant de magasin.

Il y avait des fosses d'aisance aux deux extrémités et deux cabinets à chaque étage.

Les autres bâtiments servaient de grange, écurie, buanderie, logement du jardinier, etc., etc...

Enfin, l'hôtel était pourvu d'une pompe alimentée par un puits de 8 mètres de profondeur.

Toute la propriété était entourée de murs et plantée d'arbres à fruits et en vigne.

La Commission acquit, en outre, la conviction que les bâtiments étaient bien construits et fort solidement établis; que l'hôtel était dans la meilleure situation qu'on pût désirer, et qu'à l'aide de quelques travaux d'appropriation de peu d'importance, il pourrait parfaitement convenir à un hôpital.

Le propriétaire de l'Hôtel Cornil réclamait de son immeuble et de ses dépendances, y compris les glaces et l'ameublement du salon, la somme de 140.000 fr. Sans s'attarder davantage, la Commission signa avec lui une promesse de vente, et s'occupa de la distribution de l'Hôpital militaire thermal futur. Elle la comprenait ainsi:

Au rez-de-chaussée se trouverait la cuisine, la dépense, la salle des conférences, la salle à manger des officiers, le logement du comptable, la lingerie et la pharmacie.

Au premier étage, il y aurait douze chambres à deux lits pour les officiers qui, à l'aide d'un escalier pouvant être construit plus tard, seraient complètement isolés des soldats; puis, dans la partie Ouest, un dortoir où seraient placés vingt-neuf lits pour les sous-officiers et les soldats.

Au second étage, il y aurait encore pour les sous-officiers et les soldats, vingt-neuf lits. L'espace qui les séparerait était calculé de manière à donner à chaque homme du premier étage 25 mètres cubes d'air et, au deuxième, 24 mètres cubes.

Il y aurait, en outre, au second étage, une infirmerie pour six malades.

Au troisième étage seraient logés les soldats infirmiers.

Dans le bâtiment des granges, on pourrait placer le vestiaire, loger le portier et le détachement. Une partie serait réservée pour installer des baignoires et les appareils nécessaires à l'administration des eaux.

Enfin, les jardins pourraient être appropriés pour des jeux d'agrément et des promenades.

Quant à l'organisation et à l'ameublement de l'établissement, ils seraient des plus faciles et des moins dispendieux. Le personnel des officiers de santé, le personnel administratif et les infirmiers seraient détachés des établissements hospitaliers de l'intérieur. Quant au mobilier et aux baignoires, et tous les objets de service, ils seraient pris dans les magasins des hôpitaux qui ont des approvisionnements suffisants.

Ce n'était pas tout que d'avoir un hôtel capable d'être transformé rapidement en hôpital thermal, il fallait encore disposer de l'eau minérale nécessaire pour l'usage des malades. Le 27 octobre 1846, le ministre de l'Agriculture et du Commerce Cunin-Gridaine, dont la sollicitude pour Vichy ne se relâcha jamais, s'empressa de combler cette lacune en s'engageant à mettre à la disposition de l'Hôpital militaire 12 mètres cubes d'eau par jour du Puits Carré, c'est-à-dire la quantité nécessaire pour quatre-vingt bains au moins. Il imposait seulement la condition que les conduites d'adduction et de vidange, les pompes, les réservoirs indispensables pour les eaux chaudes et froides, les chaudières, etc., seraient à la charge du département de la Guerre.

Il n'y avait plus, dès lors, qu'à demander un crédit au Parlement pour l'acquisition de l'Hôtel Cornil et sa transformation en Hôpital militaire. C'est ce que fit le lieutenant-général Moline de Saint-Yon, ministre de la Guerre, dans la séance du 12 février 1847. En déposant son projet de loi sur le bureau de la Chambre des députés, il réclama 140.000 francs pour solder son achat, et 20.000 francs pour installer l'Hôpital projeté. Quoique bien faible, cette dernière somme lui parut suffisante à cause du peu d'importance des travaux à exécuter. Ils consistaient, en effet : à établir dans la cuisine un fourneau central et quelques cloisons pour la lingerie ; à placer dans le quartier des officiers une cloison pour les isoler ; à enlever dans celui des soldats toutes les cloisons et à pratiquer quelques ouvertures dans le mur de refend ; dans le bâtiment des granges, à faire quelques cloisons, quelques mètres de plafond, à couvrir le sol de bitume ; à exhausser quelques portions du mur de clôture, etc., etc.

Le 20 février 1847, la Chambre des députés adoptait, à la presque unanimité des membres présents, le projet du ministre de la Guerre. Le 27 mars suivant, la Chambre des pairs était, à son tour, saisie de ce projet qu'elle votait le 9 avril, après une discussion des plus sérieuses.

Le 11 avril 1847, le roi Louis-Philippe promulgait la loi qui fondait, enfin, l'Hôpital militaire thermal de Vichy.

*
* *

Aussitôt cette loi promulguée, la question de l'alimentation, au point de vue pratique, en eaux minérales de cet Hôpital militaire thermal se posa de nouveau et s'imposa. Cette question, après de longues discussions, ne devait être définitivement résolue que treize ans plus tard, le 25 janvier 1860, par un accord intervenu, après acquiescement de la Société concessionnaire des eaux minérales de Vichy, entre le ministre de la Guerre d'une part et le ministre de l'Agriculture, du Commerce et des Travaux Publics d'autre part. Cet accord réglait définitivement l'application de l'article 6 du cahier des charges relatif à la concession, à la Société Lebobe, Callou et Cie, de l'exploitation des sources et de l'Etablissement thermal de Vichy, cahier des charges joint à la loi du 10 juin 1853. Je rappelle que cet article 6 était ainsi conçu : « Les concessionnaires seront tenus de « souffrir le prélèvement de vingt-quatre mètres « cubes d'eau par jour pour le service des bains qui « sera établi dans l'Hôpital militaire de Vichy ; douze « mètres cubes seront pris à la source Lucas, et les « douze autres mètres cubes à celle du Puits Carré.

« Ce prélèvement sera opéré, soit au commence-« ment de chaque journée ; soit en plusieurs fois et « à différentes heures, soit d'une manière continue, « suivant les exigences du service militaire.

« Provisoirement, et jusqu'à l'organisation des « bains dans cet Hôpital, le service des bains mili-« taires se fera gratuitement à l'Etablissement ; il « y sera distribué par jour :

« Du 15 mai au 23 juin .... 250 bains
« Du 24 juin au 5 août .... 140 bains
« Du 5 août au 14 septembre .... 200 bains. »

✳
✳ ✳

Ainsi que l'avait décidé le ministre de la Guerre, l'Hôpital militaire thermal de Vichy fut ouvert le 1er juillet 1847. Les malades allaient alors prendre leurs bains à l'Etablissement thermal, avec des bons délivrés sur la prescription du médecin en chef, après avoir été visés toutefois par le médecin inspecteur des eaux. Des heures étaient assignées aux sous-officiers et soldats ; quant aux officiers, ils se servaient des baignoires disponibles.

Le 26 mai 1849, le ministre de la Guerre demanda à son collègue de l'Agriculture et du Commerce qu'une des deux piscines de l'Etablissement thermal fût attribuée, une heure par jour, aux sous-officiers et soldats, en évitant qu'ils succédassent aux indigents. Il désirait également que six baignoires fussent mises à la disposition du médecin en chef de l'Hôpital militaire, pendant toute la durée de la saison, pour les besoins des officiers. Consulté sur ces deux points, Prunelle fut d'avis que les sous-officiers et les soldats pourraient être admis dans la piscine des hommes, de 3 h. et demie du matin à 5 heures ; de cette façon, ils ne succéderaient pas aux indigents qui ne commençaient à arriver qu'à 5 h. et demie. Mais, quant aux bains des officiers, ils seraient délivrés comme précédemment, les exigences du service ne permettant pas de disposer de six baignoires en leur faveur.

Cette question des bains militaires créa une foule de difficultés entre l'administration de la Guerre et celle de l'Agriculture, du Commerce et des Travaux Publics, comme aussi des froissements incessants entre Barthez et Prunelle. La loi de concession du 10 juin 1853 vint heureusement mettre un terme à toutes ces querelles, en accordant, comme on l'a vu plus haut, un chiffre déterminé d'opérations thermales à l'Hôpital militaire.

Cette servitude, pour l'Etablissement thermal de Vichy, ne cessa qu'en 1855, époque à laquelle le service balnéaire et hydrothérapique fut ouvert à l'Hôpital militaire.

*
* *

De 1847 à 1853, les bâtiments de l'Hôtel Cornil furent aménagés pour loger 50 officiers malades et 44 sous-officiers et soldats, quoique la loi du 11 avril 1846 eût dit « 24 officiers et 58 soldats ».

Cette situation persista jusqu'à la concession des eaux minérales de l'Etat à Lebobe, Callou et Cie (10 juin 1853). Une grande extension fut donnée alors à tous les services. On établit un projet qui permettait de loger 150 malades (90 officiers, 20 sous-officiers et 40 soldats) et de créer, dans l'enceinte même de l'Hôpital, un établissement balnéaire avec tous ses accessoires.

L'approbation ministérielle ne s'étant pas trop fait attendre, ce projet fut mis rapidement à exécution et, dès 1855, les bâtiments A et B furent en mesure de recevoir : l'un 30 officiers et 60 sous-officiers et soldats ainsi que les infirmiers nécessaires au service, l'autre 67 officiers. En même temps, une vaste cuisine fut aménagée au bâtiment B.

L'aqueduc de la rue Lucas, destiné à amener les eaux minérales attribuées à l'Hôpital militaire, venant d'être terminé, on installa des baignoires en cuivre étamé dans le bâtiment C, pour le service des malades. En même temps, on construisit le bâtiment D qui fut réservé à l'officier comptable.

Les cent cinquante-sept lits disponibles ne tardèrent pas à devenir insuffisants. En 1859, on créa quinze places dans les combles du bâtiment C et, en 1860, on aménagea dix logements d'officiers au rez-de-chaussée du même bâtiment. En 1862, on construisit, en bordure de la rue de Ballore, le bâtiment M, pour loger 24 officiers et, en 1892, ce bâtiment fut surélevé d'un étage, ce qui fournit un supplément de treize places et permit de recevoir 212 malades à partir de 1893.

L'admission, à l'Hôpital militaire, des fonctionnaires coloniaux, l'accroissement des effectifs de notre armée d'outre-mer ne tardèrent pas à rendre insuffisantes ces deux cent douze places. Pressenti sur ce point, le ministre des Colonies s'offrit, avec ses propres ressources budgétaires, à concourir au développement de l'Hôpital. On commença alors, en 1902, la construction d'un pavillon pour officiers, en prolongeant le bâtiment M jusqu'à l'avenue Victoria.

Ce pavillon fut achevé en 1904. Dès ce moment, l'Hôpital militaire était en mesure d'admettre 279 malades, dont 205 officiers et 74 sous-officiers et soldats.

Aujourd'hui, ce chiffre de 279 malades est légèrement augmenté. Le bâtiment A pour les hommes de troupe contient 115 lits ; le bâtiment B, pour les capitaines et lieutenants, contient 73 lits ; le bâtiment M, pour officiers généraux, officiers supérieurs et capitaines, contient 106 lits, soit, au total, 294 lits. Toutes les chambres du bâtiment B ont été repeintes et des lavabos à eau courante y ont été installés en 1923 ; en 1924, il en a été de même pour toutes les chambres du bâtiment M. De plus, l'ameublement de ces chambres et de celles du bâtiment A a été considérablement amélioré ; il ne semble pas qu'à l'heure actuelle on puisse désirer mieux, au point de vue luxe et hygiène, que ce qui existe à ce jour, étant donné qu'il s'agit d'un hôpital et non pas d'un palace ou d'un hôtel de premier ou même de deuxième ordre.

Les bains installés dans le bâtiment C étant devenus insuffisants, on construisit, en 1862, le bâtiment L, qui comprend vingt-sept cabines pour officiers, une salle de bains de cinq baignoires pour sous-officiers et une autre de quatorze baignoires pour soldats.

Dans ce même bâtiment, on a installé, à partir de 1890, six cabines pour douches ascendantes rectales et, en 1903, deux appareils de douches rectales horizontales avec un récipient mobile, de façon à modifier la pression à son gré ; un thermomètre pour connaître la température ; et trois tubes ascensionnels en métal pour amener, au récipient, les eaux douces, chaudes et froides, et l'eau minérale de la source Chomel. Chaque été, les médecins-traitants sont à même d'apprécier les bons effets que produisent les lavages de l'intestin dans la position inclinée, lorsqu'il s'agit d'entérites chroniques **rebelles** et d'hyperémies anciennes du foie.

Enfin, on trouve encore dans le bâtiment **L** un local pour douches de vapeur et une cabine attenante avec un lit de repos.

Le service de l'hydrothérapie est de beaucoup le plus complet et le mieux compris. De 1858 à 1861, on construisit le bâtiment G, dans le sous-sol duquel on plaça deux générateurs de vapeur. Aux étages de ce bâtiment, sont installés les bassins d'eau froide, d'eau chaude et d'eau minérale.

Au rez-de-chaussée, il y a deux salles de douches dans lesquelles aboutissent des conduits amenant simultanément et isolément les trois eaux. Des mélangeurs rudimentaires permettaient d'obtenir assez vite de l'eau chaude et de l'eau froide. En janvier 1901, ils furent heureusement remplacés par deux mélangeurs Berthe, d'une précision très remarquable, permettant d'avoir presque instantanément de l'eau froide, de l'eau tiède et de l'eau chaude. En 1908, ces mélangeurs Berthe furent à leur tour remplacés par des mélangeurs Lejeune.

En 1904, de nombreuses réfections et de grandes innovations furent introduites dans le service hydrothérapique. Tout d'abord, le nombre des *cabines-déshabilloirs* fut augmenté de seize; ensuite, on préleva sur les deux salles de douches l'espace nécessaire pour installer le cabinet du médecin chargé du service hydrothérapique. Dans ce local, un peu étroit, deux portes donnent accès aux tribunes de l'infirmier doucheur, qui est ainsi placé sous la surveillance de son supérieur.

A la même époque, deux douches mobiles sans mélangeurs, un bain de siège à eau courante et un appareil pour douches-massage, dans la position horizontale, furent ajoutés aux appareils déjà existants.

Jusqu'en 1903, l'eau minérale concédée à l'Hôpital militaire de Vichy en 1847, par le ministre de l'Agriculture, du Commerce et des Travaux Publics, était amenée dans un réservoir souterrain situé au Nord du bâtiment C et, de là, conduite au réservoir d'eau minérale du bâtiment G à l'aide de pompes aspirantes. L'orifice intérieur de la citerne était souvent obstrué d'une façon incomplète et ne protégeait que très imparfaitement cette eau. des souillures du dehors.

A la suite de pourparlers entre les directeurs du service de santé et du génie et le Commissaire du Gouvernement, la Compagnie Fermière a fait établir entre le réservoir d'eau minérale du grand Etablissement thermal (recevant de l'eau de la Grande-Grille, de Lucas, du Puits Carré, de Mesdames et de la source du Pont de Champ de Cornes) et l'Hôpital militaire une conduite en fer, de 0^m054 de diamètre intérieur, qui amène cette eau minérale au premier étage du bâtiment G. De là, elle est refoulée, à l'aide d'une petite pompe, dans le réservoir d'eau minérale placé au quatrième étage de ce même bâtiment.

Deux générateurs à vapeur, d'une force approximative de vingt-cinq chevaux chacun, sont placés dans le sous-sol du bâtiment des douches et fournissent la vapeur nécessaire au chauffage de l'eau des bains et des douches, au fonctionnement de la buanderie et de la cuisine.

*
* *

Des améliorations nombreuses, portant sur plusieurs services essentiels, ont été apportées depuis 1907 à l'Hôpital militaire.

Les salles de douches et l'entrée des cabines de déshabillage ont été pourvues de portes automatiques. On a évité ainsi aux malades les courants d'air et les refroidissements observés les années précédentes.

Les parois des salles de douches ont été revêtues, dans toute leur étendue, de dalles en marbre donnant à ces locaux un aspect gai et propre.

Les douches ascendantes en position verticale ont été transformées. La cuvette non syphonée, logée dans un siège en bois difficile sinon impossible à tenir dans un état de propreté convenable, a été remplacée par un appareil complet de chasse avec cuvette à battant en chêne ciré qui est d'un entretien extrêmement commode. En outre, les murs des cabines ont été tapissés, sur une hauteur de 1m60, de carreaux vernissés.

Deux nouvelles cabines de douches ascendantes en position horizontale ont été aménagées, et on a installé dans une pièce voisine et communiquant avec la cabine, un siège avec appareil de chasse où le malade va rendre le premier lavage intestinal. Ainsi qu'on l'avait fait pour orner les cabines de douches verticales, les murs des cabines de douches horizontales ont été recouverts de carreaux vernissés, sur une hauteur de 1m60.

Depuis 1902, des appareils pour le fonctionnement d'une blanchisserie mécanique sont installés à l'Hôpital militaire. Ils se composent de: 1° une machine à vapeur de la force de six chevaux; 2° deux machines à laver d'une contenance de 50 kilogrammes de linge chacune; 3° un réservoir de deux cents litres pour la lessive; 4° deux essoreuses; 5° un monte-charge desservant deux étages; 6° un séchoir à air chaud; 7° une machine à repasser. La vapeur est fournie par le générateur existant à l'Hôpital.

Nous croyons savoir que le rendement moyen de la blanchisserie n'est pas inférieur à 470 kilogrammes de linge par jour.

La cuisine, qui doit assurer la préparation des aliments pour 294 malades susceptibles d'être hospitalisés, est installée au rez-de-chaussée du bâtiment B. Elle est suffisamment vaste et bien outillée pour que le service puisse être rapide. Elle comporte: 1° un fourneau du système Boutier; 2° une table à réchauffement; 3° deux marmites pour la cuisson des légumes; 4° une machine à éplucher les pommes de terre; 5° un percolateur à vapeur et 6° une laverie mécanique où l'on procède au nettoyage de la vaisselle dans des conditions de propreté irréprochables.

Egalement au rez-de-chaussée du bâtiment **B** et dans le prolongement Est de la cuisine, se trouvent deux grandes salles à manger pour les officiers subalternes et une troisième affectée aux officiers supérieurs et généraux.

Les réfectoires pour les sous-officiers sont situés au rez-de-chaussée du bâtiment de l'ancien hôtel Cornil.

J'ai dit que les sous-officiers et les soldats sont logés dans des chambres de deux à dix lits au premier étage du bâtiment A. Le cubage de ces chambres donne, pour chaque pensionnaire, de 25 à 30 mètres cubes d'air, chiffre largement suffisant si l'on songe que ces logements ne sont occupés que la nuit.

Les officiers sont logés dans des chambres séparées dont le cubage oscille entre 45 et 50 mètres cubes, et qui sont toutes pourvues d'un petit cabinet. Leur ameublement se compose d'un lit, d'une table de nuit métallique, d'une commode, d'un fauteuil, d'une chaise, d'une table et d'un lavabo à eau courante surmonté d'une glace biseautée.

Ce mobilier ne laisse rien à désirer au point de vue de la nature des objets de toilette et de leur nombre.

Les planchers de toutes les chambres d'officiers sont en chêne ciré et les murs sont peints à l'huile, ce qui est propre, hygiénique et d'un entretien peu coûteux. La ventilation est assurée soit par un carreau donnant sur le couloir et faisant face à la fenêtre, soit par des vitres Castaing.

En 1904, le tout à l'égoût a été installé à l'Hôpital militaire, supprimant ainsi les fosses fixes utilisées jusqu'alors. Tous les bâtiments sont pourvus à chaque étage de latrines à cuvette syphonée et d'urinoirs avec écoulement d'eau intermittent.

Les cours, les corridors, les chambres et les locaux susceptibles d'être utilisés pendant la nuit sont éclairés à l'électricité.

*
* *

Les locaux affectés au service pharmaceutique se composent de la pharmacie proprement dite située au rez-de-chaussée du bâtiment A. Elle comprend: 1° une pièce pour la préparation des médicaments; 2° le laboratoire de chimie; 3° un cabinet noir pour la polarimétrie; 4° le cabinet du pharmacien-major; 5° un laboratoire de micrographie; 6° la tisanerie.

Le service de la pharmacie est, pour l'Hôpital militaire thermal proprement dit, réduit avec raison au minimum possible, par suite de la thérapeutique hydrologique qui ne comporte que peu ou point de médicaments; mais le service de laboratoire et d'analyses est particulièrement actif et d'intéressants travaux scientifiques en sont déjà sortis.

Depuis 1884 et jusqu'à la fin de la guerre, le pharmacien de l'Hôpital militaire thermal était en résidence fixe à Vichy. C'est lui qui assurait le service de l'approvisionnement des infirmeries des corps de troupe du 13e corps d'armée. Il était en même temps directeur du laboratoire d'expériences de la 13e région militaire, laboratoire créé, en 1906, à cet Hôpital militaire thermal de Vichy. Depuis la fin de la guerre, les approvisionnements en médicaments des corps de troupe sont assurés par le siège du corps d'armée et le laboratoire régional d'analyses a été également transporté de Vichy à Clermont-Ferrand.

En 1922, un laboratoire de bactériologie a été créé à l'Hôpital militaire thermal de Vichy. Il est installé dans un local du rez-de-chaussée du bâtiment C, à proximité des cabinets du médecin-chef et des médecins-traitants, ainsi que la pharmacie. On y fait surtout des recherches hématologiques et des examens de selles. Je note ce fait, assez extraordinaire, que c'est le laboratoire régional de Clermont-Ferrand qui pratique les réactions de Bordet-Wasserman, dont l'Hôpital militaire de Vichy peut avoir besoin. Pourquoi?

Un service de radio-électricité existe également à l'Hôpital militaire thermal de Vichy. Fort primitif si on le compare aux installations modèles de l'Etablissement thermal et des Hospices civils, il a permis néanmoins, pendant la saison de 1924, de pratiquer 644 examens radioscopiques; 136 radiographies; 818 séances de diathermie; 82 séances de galvanisation; 17 électro-diagnostic et 255 applications locales d'air chaud et bains de lumière.

Depuis 1874 et jusqu'en avril 1914, Vichy a été le siège du dépôt de la 13e section d'infirmiers militaires cantonnée à la caserne d'Orvilliers, construite dans ce but sur du terrain appartenant à l'Hôpital militaire thermal, situé en bordure de l'avenue Victoria. Le commandant de cette section était un officier d'administration de 1re classe. Pendant les hivers, le service médical des hommes de troupe qui restaient au dépôt était assuré par un médecin de la réserve ou de la territoriale habitant Vichy. Aujourd'hui, quelques hommes seulement sont en résidence permanente à l'Hôpital militaire thermal de Vichy. Le personnel infirmier nécessaire en été pour assurer les différents services de cet Hôpital provient des 2e, 3e, 5e, 13e, 14e et 22e sections d'infirmiers. Dès les premiers jours de novembre, ce renfort rejoint le corps qui l'avait fourni, et Vichy est de nouveau sans troupe jusqu'à la mi-avril suivante.

En 1908, on a aménagé, au premier étage du bâtiment C, un appartement pour le médecin-chef qui, maintenant, comme l'offcier gestionnaire, doit, obligatoirement, habiter l'Hôpital.

Depuis son ouverture jusqu'à ce jour, vingt-cinq médecins-chefs se sont succédés à l'Hôpital militaire thermal de Vichy. Leurs noms méritent, certes, d'être conservés par l'histoire locale. Les voici: 1° le médecin principal de 1re classe Barthez (1er juillet 1847 à la fin de la saison de 1862 (1) ; 2° le médecin principal de 1re classe Durand de Lunel (1863 à 1869) ; 3° le médecin principal de 1re classe Barudel (1869 à 1878) ; 4° le médecin principal de 1re classe Bintot (1878 à 1880) ; 5° le médecin principal de 1re classe Delcominette (1881 à 1884) ; 6° le médecin principal de 1re classe Périn (1885-1886) ; 7° le médecin principal de 2me classe Ducellier (1887) ; 8° le médecin principal de 2me classe Manoha (1888) ; 9° le médecin principal de 2me classe Lenoir (1889 à 1896) ; 10° le médecin principal de 2me classe Antony (1896 à 1898) ; 11° le médecin principal de 2me classe Hivert (1898) ; 12° le médecin principal de 1re classe Annesley (1899) ; 13° le médecin principal de 2me classe Carayon (1900 à 1904) ; 14° le médecin principal de 2me classe Lambert (1904 à 1908) ; 15° le médecin principal de 2me classe Collinet (1909 à 1913) ; 16° le médecin principal de 2me classe Odile (1913) ; 17° le médecin-major de 1re classe Biscons (1914) ; 18° le médecin principal de 1re classe territoriale Lambert (1914 à 1915) ; 19° le médecin major de 1re classe territoriale Haller (1915) ; 20° le médecin principal de 2me classe territoriale Aubertin (1914 à 1917) ; 21° le médecin principal de 1re classe territoriale Dubrulle (1917 à 1919) ; 22° le médecin major de 1re classe territoriale Planat (1919) ; 23° le médecin principal de 1re classe Biscons (1920 à 1922) ; 24° le médecin major de 1re classe Morvan (1923) ; 25° le médecin principal de 2me classe Ardoin (depuis 1923).

*
* *

Les malades traités à l'Hôpital militaire de Vichy sont hospitalisés ou non hospitalisés.

Les malades non hospitalisés (malades externes) se présentent quand ils veulent, et reçoivent tous les soins nécessaires, pourvu qu'ils aient une autorisation régulière.

(1) François Barthez avait été retraité le 11 décembre 1861. Il fit, comme médecin-chef de l'Hôpital militaire thermal de Vichy, la saison de 1862 en qualité de médecin *requis*.

Les hospitalisés sont répartis par le directeur du Service de Santé de la 13e région, entre diverses saisons — 23 de 100 malades chacune — séparées par trois jours d'intersaison. En 1924, la première saison a commencé le 1er mai et la dernière s'est terminée le 31 octobre. Cette même année, 2.109 malades ont été hospitalisés et 636 « malades externes » se sont présentés à la consultation du médecin-chef. Cela fait 2.745 malades qui, en 1924, ont reçu les soins thermaux à l'Hôpital militaire thermal de Vichy. Ce chiffre est le plus élevé qu'on ait enregistré jusqu'à ce jour.

Peuvent être hospitalisés, avec autorisation ministérielle, les militaires en activité de service; les fonctionnaires coloniaux; les fonctionnaires des différents ministères; les militaires retraités (loi du 12 juillet 1873) et les bénéficiaires de l'article 64 de la loi du 31 mars 1919. Sont traités comme malades externes à l'Hôpital militaire thermal de Vichy, avec autorisation ministérielle, les militaires en activité de service; les fonctionnaires coloniaux; les fonctionnaires des différents ministères; les militaires relevant de la loi du 12 juillet 1873 et les bénéficiaires de l'article 64 de la loi du 31 mars 1919.

Tous ces malades sont soignés par un personnel médical qui se compose, à l'heure actuelle, d'un médecin-chef, de quatre médecins traitants de grades différents; d'un pharmacien-major de 2me classe et d'un pharmacien aide-major de 2me classe.

*
* *

Les médecins et les pharmaciens du corps de santé militaire, détachés, depuis 1847, à l'Hôpital militaire thermal de Vichy, ont, pour la plupart, produit et publié des travaux médicaux et scientifiques qui leur assurent une des bonnes places dans la « bibliographie de Vichy ». Dès 1848, Barthez faisait imprimer la première édition de ce *Guide pratique du Malade aux eaux de Vichy*, qui, pendant 20 ans au moins, se réimprima chaque hiver, et fut bien le livre le plus connu et le plus lu de tous ceux qui traitaient alors de thérapeutique hydriatique. Durand de Lunel, Barudel et Bintot marquèrent, après Barthez, leurs époques successives par des travaux spéciaux imprégnés des idées de ces époques. Plus récemment, Poncet (de Cluny), Roman et Colin, Jégou et Guillot, Carayon, Bodard, Lambert et Raymond, Parys, Lafeuille et Viguier, Haller, Biscons, Rouzaud, Verdeau, Ardoin, Tamalet, pour ne citer que les noms qui me viennent à l'esprit, ne le cèdent certes en rien à leurs devanciers et méritent qu'on les compte parmi ceux à qui Vichy doit une part de sa gloire et de sa renommée universelle.

*
* *

Le 4 janvier 1904, M. Chapelle Jean-Baptiste-Pierre-Victor, qui avait fait, comme colonial, plusieurs saisons à l'Hôpital militaire thermal de Vichy, mourait à Lyon. Par ordonnance du 5 janvier 1904 du président du Tribunal civil de cette ville, son testament fut déposé aux minutes de Me Luc Glotard, notaire à Saint-Etienne (Loire). M. Chapelle instituait le ministre de la Guerre son légataire universel. Le 29 août 1904 intervenait à propos de ce testament le décret suivant:

« Le Président de la République Française,

« Sur le rapport du ministre de la Guerre,

« Vu l'expédition du testament olographe en date « du 16 avril 1902, avec codicille olographe du 6 « avril 1903 de M. Jean-Baptiste-Pierre-Victor Cha- « pelle, en son vivant, propriétaire, demeurant à « Lyon (Rhône), rue d'Enghien, 13 ;

« Vu l'article 910 du Code civil ;

« Vu la loi du 4 février 1901 ;

« Décrète :

« ARTICLE PREMIER. — Le ministre de la Guerre, « au nom de l'Etat, est autorisé à accepter, en qua- « lité de légataire universel, aux clauses et condi- « tions du testament susénoncé, la succession de M.

« Jean-Baptiste-Pierre-Victor Chapelle, dont l'actif,
« après inventaire, déduction faite des legs parti-
« culiers, en capitaux, se monte à cinq cent quatre-
« vingt-deux mille neuf cent soixante-quatorze
« francs, vingt-et-un centimes.

« ARTICLE 2. — Ce capital, conformément aux
« intentions du testateur, sera employé, après décès
« des usufruitiers, à la création d'un bâtiment an-
« nexe de l'Hôpital militaire de Vichy, actuellement
« insuffisant pour recevoir tous les officiers malades
« ou convalescents rentrant des colonies.

« ARTICLE 3. — Le ministre de la Guerre est
« chargé de l'exécution du présent décret, qui sera
« inséré au *Bulletin des Lois*. »

Le ministre de la Guerre n'est pas encore entré en
possession du legs Chapelle; des usufruitiers existent
toujours. Dès que l'Etat pourra disposer des
582.974 fr. 21 dont ce legs se compose, il emploiera
vraisemblablement cette somme à la réfection absolue, sinon à la reconstruction complète du bâtiment
A, qui bientôt sera centenaire et qui attend impa-
tiemment, malgré qu'il ait l'honneur de représenter
encore le type parfait d'un hôtel de premier ordre à
Vichy, au temps où la duchesse d'Angoulême était
la première cliente du baron Lucas, sa modernisation
et sa remise au goût du jour.

Nous avons publié, en 1908, mon vieil ami le
docteur Jean Cornillon, ancien médecin-inspecteur
adjoint des eaux de Vichy, et moi, dans le troisième
fascicule de l'*Histoire des Eaux minérales de Vichy*,
un long chapitre VI du livre III de cette histoire,
entièrement consacré à l'Hôpital militaire thermal de
Vichy. Avec l'assentiment de mon savant et illustre
collaborateur, je me suis largement servi, pour la
rédaction de cet article que m'a demandé le *Centre
Médical*, de ce que nous avions déjà écrit ensemble
sur le même sujet.

J'ai eu, de plus, la bonne fortune, grâce aux excellentes relations que j'ai toujours entretenues avec M. le général Targe, commandant, actuellement, le 13e corps d'armée, de faire la connaissance, cette année, de M. le docteur Ardoin, médecin-chef de l'Hôpital militaire thermal de Vichy et des salles militaires de l'Hôtel-Dieu de Clermont-Ferrand. Avec un empressement et une amabilité dont je suis encore confus, M. Ardoin s'est mis entièrement à ma disposition pour me documenter le plus possible sur l'histoire récente de l'établissement militaire aux destinées duquel il préside si savamment en ce moment. Il m'a mis en relations avec M. l'officier d'administration de 1re classe Jacon, qui est bien l'homme le plus serviable qui existe et le militaire modèle connaissant à fond tout ce que sa fonction exige qu'il sache pour être à la hauteur de la tâche difficile qu'il accomplit chaque jour.

C'est grâce à M. le médecin principal Ardoin et à M. l'officier d'administration Jacon, je le dis hautement, que je puis publier aujourd'hui certaines précisions intéressantes sur le fonctionnement actuel de l'Hôpital militaire thermal de Vichy. J'ai le devoir et l'extrême satisfaction de les en remercier, ici, de tout mon cœur.

(Le *Centre Médical*, n° du 1er mai 1925).

LES DROITS DES HABITANTS DE VICHY

Sur les Eaux Minérales et les Bains de leur Ville

Le *Moniteur de l'Allier* a publié, dans son numéro du dimanche 28 juin 1891, un article d'où nous extrayons les passages suivants:

Différentes personnes se sont adressées à nous, pour nous demander d'appeler l'attention de M. le Commissaire du Gouvernement, sur les mesures prises par la Compagnie Fermière, au sujet du remplissage des carafes d'eau minérale, destinée à être consommée sur place.

Nombre de nos concitoyens se plaignent du choix des heures fixées par les fermiers de l'Etat; la classe ouvrière, particulièrement, trouve de sérieux inconvénients à la décision prise par la Compagnie.

. . . .

On nous a demandé également de quel droit, puisqu'on peut emporter de l'eau minérale pour la consommer sur place, la Compagnie se permettait de réglementer les heures pendant lesquelles elle devait être distribuée.

Il y a là une sorte de question de droit que nous allons sommairement traiter.

Le 15 juin 1880, M. Monod, alors préfet de l'Allier, a signé, avec l'approbation du ministre de l'Agriculture et du Commerce, un arrêté réglant la question; voici les articles qui ont rapport au sujet que nous traitons:

CHAPITRE III

Buvettes

ARTICLE 22

L'usage de l'eau minérale pour boisson sur place est gratuit. Il ne pourra être transporté d'eau minérale à domicile que pour la consommation locale, dans les conditions de l'article 27 ci-dessous, et sans qu'il en puisse être fait commerce.

. . . .

ARTICLE 27

Les eaux en bouteilles seront vendues conformément aux tarifs maxima ci-après:

Bouteille de litre d'eau expédiée *0.60*
Bouteille de demi-litre *0.50*
Remplissage d'un litre pour la consommation locale.. *0.30*
Remplissage d'un demi-litre *0.15*

Toute modification à ce tarif doit être approuvée par l'admi-nistration.

....

Il résulte de ces deux articles, que la Compagnie aurait droit de faire payer trente centimes le litre et quinze centimes le demi-litre, l'eau minérale destinée à la consommation locale.

Comment se fait-il que M. Denière ait négligé de réaliser cette recette?... Existe-t-il une clause qui détruit l'effet de l'arrêté préfectoral du 15 juin 1880? Mystère...

Dans tous les cas, si cette clause existe, nous ne la connaissons pas, et, jusqu'à preuve du contraire, la Compagnie serait dans son droit strict, en percevant la taxe fixée par les documents que nous venons de reproduire.

Donc, à ceux qui nous ont demandé si les fermiers de l'Etat étaient dans leur droit en limitant les heures du remplissage des carafes, nous répondons: « Non, la Compagnie ne peut « pas prendre, de son chef, une mesure pareille; seulement, « elle peut exiger que vous lui payiez au prix du tarif l'eau « minérale que vous venez chercher. »

Mon excellent confrère et ami de la presse politique commet une légère erreur qu'il me permettra bien de relever dans les *Annales de Médecine Thermale,* la discussion technique qui va suivre n'étant pas de celles qui peuvent intéresser tout le monde en général, et les lecteurs du *Moniteur* en particulier.

La Compagnie fermière des Eaux de Vichy ne peut pas plus limiter les heures du remplissage des carafes, pour l'usage des habitants de Vichy, aux seules sources de la Grande-Grille, de l'Hôpital, des Anciens Célestins n° 1 et du Puits Carré, qu'elle n'a le droit d'exiger de ces habitants qu'ils lui payent cette eau au tarif fixé par l'article 27 de l'arrêté préfectoral du 15 juin 1880.

Cette nouvelle position de la question demande, certes, à être discutée: je m'exécute textes en mains.

Tout d'abord, le *Moniteur* aurait dû ne pas s'en tenir à la lecture de cet arrêté préfectoral qui semble donner raison aux fermiers de l'Etat, à Vichy. S'il avait parcouru le cahier des charges annexé à la loi de concession de l'Etablissement thermal du 10 juin 1853, il aurait lu un article 8 ainsi conçu:

« Les droits qui pourraient exister au profit des
« habitants de Vichy ou de tous autres relativement
« à l'usage des eaux thermales et des bains de
« l'Etablissement, seront supportés par les conces-
« sionnaires sans qu'ils puissent exercer de ce chef,
« aucune répétition contre l'Etat... etc. »

Les habitants de Vichy, cela ressort clairement du premier paragraphe de l'article précédent, *ont donc des droits sur les eaux thermales*: Ces droits, quels sont-ils?

Avant 1684, c'est-à-dire avant la création spéciale d'une *Intendance des Eaux de Vichy*, la liberté la plus complète existait ici: le malade buvait quand et comme il voulait; l'habitant de Vichy puisait de l'eau à son aise pour son usage personnel; les intendants de région (Bourbonnais, Auvergne, Bourgogne et Forez) créés par Henri IV, en 1605, se désintéressaient complètement de ces pratiques médicales, du moins en ce qui touchait particulièrement notre ville.

Le 18 avril 1685, c'est-à-dire moins d'un an après la nomination du premier intendant Claude Fouët, le Conseil du Roi rendait un arrêt servant de règlement pour les eaux minérales de Vichy, qui contenait ce passage: « Fait déffenses à toutes personnes
« d'enlever ou transporter desdites Eauës loin du
« lieu de Vichy, sans la permission dudit Fouet, et
« les avoir fait cacheter et certifier véritables par
« luy et fait marquer le jour qu'elles ont été puisées;
« déffenses de transporter desdites Eauës dans d'au-
« tres vaisseaux que de verre et de grez, et de pren-
« dre par ledit Fouët, ses concierges ou fontai-
« niers, d'autre droit pour leur inspection, certificat
« et fourniture que douze deniers pour chaque bou-
« teille de trois chopines mesure de Paris, pour les
« Eauës qui se transporteront en cette ville de Paris
« et autres lieux, sans préjudice de la liberté de tous

« les malades qui seront sur les lieux d'en boire,
« user, se baigner et faire doucher; a permis et
« permet audit Fouët de visiter les bureaux et bou-
« tiques de ceux qui transporteront ou débiteront
« desdites Eauës à Paris ou ailleurs, pour recon-
« noistre si elles seront bien qualifiées. Fait déffen-
« ses à toutes personnes de puiser desdites eauës
« que depuis dix heures du matin jusqu'à trois
« heures après-midy et laver aucune chose plus près
« de vingt pas des bassins; de rompre ny endomma-
« ger la closture et fermeture desdites fontaines, ny
« jeter aucune ordure et immondices dans leurs
« sources et canaux à peine de trois livres d'amende
« pour la première fois, dont les chefs de famille
« seront responsables pour leurs enfants et domes-
« tiques, sauf à les répéter contre lesdits domesti-
« ques, et en cas de rescidive, d'estre procédé extra-
« ordinairement. »

Cet arrêt, on le voit, ne reconnaissait aucun droit
aux habitants de Vichy. Il touchait à d'autres intérêts particuliers; il fut immédiatement attaqué par
les docteurs Jean de la Ville et Anthoine Jolly, médecins à Cusset; Gilbert Torterat, marchand voiturier
par eauës demeurant à Vichy, et les habitants de
Vichy et Cusset eux-mêmes. Ces derniers « habitants
des villes de Cusset et Vichy » s'opposaient pareillement à l'exécution de l'arrêt du 18 avril 1685 et
requéraient « faisant droit sur lesdites interventions
« et oppositions, qu'ils seroient maintenus et gardez
« en la possession et jouissance de prendre et puiser,
« à telle heure que bon leur semblera, user et dispo-
« ser desdites Eauës Minérales de Vichy, sans en
« payer aucuns droits ny tribut, ainsi qu'ils ont fait
« par le passé. »

L'arrêt contradictoire du Grand-Conseil qui régla
cette question est du 26 mars 1686. Il établit d'une
façon indiscutable les droits des habitants de Vichy.
En voici le passage intéressant:

« A fait et fait deffenses à toutes personnes d'en-

« lever ny transporter les Eaux Minérales **des** fon-
« taines hors le lieu de Vichy, que dans des bouteilles
« de verre ou grez, cachetées du cachet dudit Fouët,
« et par luy certifiées véritables par un certificat
« qui marquera le jour qu'elles avaient esté puisées.
« Et sera tenu ledit Fouët ou ses fontainiers et
« concierges, de livrer telle quantité de bouteilles
« d'eau requises par ceux qui en voudront faire le
« transport, après, néanmoins, qu'elles auront esté
« cachetées dudit cachet et certifiées : A cet effet
« que les fontaines seront ouvertes depuis dix heures
« du matin jusque à trois heures après midy, sans
« qu'on en puisse prendre dans un autre temps pour
« ledit transport : A permis et permet néanmoins
« aux habitans dudit lieu de Vichy et autres qui se
« trouveront sur les lieux, d'en prendre à toutes
« heures du jour pour leur utilité seulement, et qu'à
« cet effet, les fontaines leur seront ouvertes à toutes
« heures, et d'en boire aux fontaines, user, se baigner
« et faire doucher.

« Et pour tout droit de l'inspection, cachet et
« certificat desdites bouteilles, nostre Conseil a
« permis et permet audit Fouët de prendre douze
« deniers par bouteille, de trois chopines chacune
« mesure de Paris, des eauës qui se transporteront
« en ladite ville de Paris ou autres lieux, sans que
« ledit Fouët, ses concierges et fontainiers, puissent
« exiger ledit droit de douze deniers de ceux qui
« sont sur les lieux et qui prennent des eauës pour
« leur utilité particulière. »

Je pourrais clore là cette démonstration, mais il
importe de rappeler que dans la suite, presque tous
les règlements ont cité ce droit incontestable et qu'on
ne saurait sérieusement contester, des habitants de
Vichy sur les eaux minérales de leur ville.

Dans celui fait par Chicoyneau, le 28 janvier 1745,
ce droit se trouve rappelé en ces termes : « Sera tenu
« ledit sieur Chapus, intendant des Eaux Minérales
« et Médicinales de Vichy, de faire distribuer les

« eaux gratis aux habitants de ladite ville de Vichy,
« etc... »

*Le Règlement pour l'administration des Eaux
Minérales de la commune de Vichy* du 13 prairial
an 8 de la République, est aussi explicite, il porte :

« ARTICLE 17. — Ne sont point assujettis au paye-
« ment pour les eaux bues sur les lieux, les habitants
« de la commune et les indigents.

« ARTICLE 18. — Toute personne, moyennant ladite
« somme de cinq centimes par jour, pourra trans-
« porter, jusqu'à concurrence d'une bouteille d'eau,
« d'une fontaine à une autre, lorsqu'elle voudra cou-
« per ses eaux ou les boire dans son domicile ; *les
« habitants et les indigents ont la même faculté, sans
« payer aucune rétribution.* »

Cependant, aucune réserve n'étant faite dans le
cahier des charges du bail du 25 avril 1833 consenti
aux frères Brosson, concernant la prise gratuite de
l'eau minérale pour les bains et les douches par les
habitants de Vichy, cette partie de leurs droits leur
fut contestée par les nouveaux adjudicataires, qui ne
voulurent jamais, pendant leurs neuf années de bail,
faire pour ces habitants de Vichy ce qu'on avait toujours fait avant eux. Pour ne pas créer de difficultés
à l'Etat, et convaincus que ce bail de 1833 ne serait
jamais renouvelé, les habitants de Vichy acceptèrent
sans trop récriminer la situation qu'on leur faisait,
espérant bien qu'il n'en serait pas ainsi dans la suite,
si l'Etat régissait lui-même sa propriété.

Ils eurent raison d'agir ainsi, car, dès 1842, ils
étaient rétablis dans la plénitude de la jouissance de
leurs droits.

Devant les bruits persistants qui disaient, déjà, que
l'Etat s'était décidé à affermer de nouveau sa propriété de Vichy, le Conseil municipal, présidé par
Prunelle, prit, le 8 octobre 1850, la délibération qui
suit :

« Un membre informe le Conseil municipal que
« M. le ministre de l'Agriculture et du Commerce,

« vivement sollicité de remettre les établissemenls
« thermaux de Vichy en ferme, est au moment d'y
« consentir. Ce membre, quoiqu'il considère la me-
« sure comme désastreuse pour Vichy et pour les
« étrangers qui y affluent, ne pense pas que le
« Conseil municipal ait à intervenir dans une sem-
« blable question ; il demande seulement que le
« Conseil réclame, en faveur des habitants de Vichy,
« la faculté dont ils ont joui en tout temps, de faire
« gratuitement usage des eaux minérales.

« Le Conseil municipal, après une discussion assez
« prolongée, Considérant :

« 1° Que les eaux minérales sont un bienfait que
« la Providence n'a départi qu'à certaines localités ;
« qu'il semblerait contraire aux vues de la Provi-
« dence de priver de ce bienfait les habitants de ces
« localités ; et qu'en conséquence, il est d'usage
« constant et général que les habitants des lieux à
« eaux minérales en usent gratuitement sous quelque
« forme que ce soit, alors même que les établisse-
« ments thermaux sont des propriétés particulières ;

« 2° Que les habitants de Vichy n'avaient pas été
« traités autrement jusqu'à l'époque où fut passé le
« bail à ferme des frères Brosson, en 1833 ; qu'à
« défaut d'une réserve exprimée dans le cahier des
« charges, cette faculté n'exista plus que pour les
« indigents de Vichy assimilés, en cela, aux indi-
« gents de toute la France ;

« 3° Que les habitants de Vichy recouvrèrent
« leurs anciens droits en 1842 où les eaux commen-
« cèrent à être administrées en régie au compte de
« l'Etat ; que le règlement d'intérieur, en 1842, con-
« sacre ces droits, tout en établissant les réserves
« nécessaires pour ne pas troubler les traitements
« des malades étrangers,

« Délibère :

« ARTICLE 1. — M. le ministre de l'Agriculture
« et du Commerce est prié d'introduire, dans le

« cahier des charges qui accompagnera le bail passé
« pour la location des établissements thermaux de
« Vichy, une clause portant, comme le règlement
« actuel, que les habitants de Vichy continueront à
« jouir gratuitement des bains, douches et boissons
« des eaux minérales de Vichy, ainsi qu'ils l'ont fait
« jusqu'à présent, à commencer du 13 mai au 15
« juin et du 10 août jusqu'à l'époque de la ferme-
« ture des établissements.

« ARTICLE 2. — La présente délibération sera
« adressée à M. le ministre le plus tôt possible par
« les soins de M. le maire qui est invité à joindre
« ses instances aux vœux du Conseil municipal. »

C'est à la suite de cette délibération que l'article
8 du cahier des charges de la concession de 1853 de
l'Etablissement thermal de Vichy fut rédigé tel que
je l'ai cité plus haut, réservant ainsi tous les droits
des habitants de Vichy sur les eaux minérales des
sources qui existaient en 1686, mais « pour leur
utilité seulement ».

Je pourrai citer d'autres textes, à quoi bon :
l'arrêt de 1686 est absolument immuable ; il établit
une propriété des habitants de Vichy, c'est à eux
à ne pas y laisser toucher.

L'arrêté préfectoral du 15 juin 1880, qui a oublié
de relater ce droit que nous avons tous, ici, d'emporter les eaux minérales chez nous, pour notre utilité et à quelle heure que ce soit de la journée, ne
peut nous en enlever l'usage. Je le répète, en ce qui
regarde particulièrement la *Grande-Grille*, l'*Hôpital*,
le *Puits Carré*, — induement appelé maintenant
Source Chomel, — et les *Anciens Célestins* n° 1, la
cause est entendue d'avance. Il n'en est pas de même
pour *Lucas*, le *Parc*, *Mesdames*, *Hauterive* et les
Nouvelles Sources des Célestins n° 1 (ou Source de
la Grotte) et *n° 2* (ou Source de 1870). Ces eaux ne
sont devenues propriétés de l'Etat que depuis le
commencement du XIXe siècle pour *Lucas*, que depuis
la ferme de 1853 pour toutes les autres ; elles ne pou-

vaient donc pas être visées par l'arrêt du Grand Conseil de 1686.

Mais, pour les anciennes sources (Grande-Grille, Hôpital, Puits Carré et Anciens Célestins n° 1 ou *la pleureuse*), il n'y a pas de discussion possible : les habitants actuels de Vichy, comme leurs ancêtres du XVIIe siècle, n'ont qu'à demander aux tribunaux compétents de les rétablir dans leurs droits, si jamais on les leur conteste ou si on les en prive ; c'est un legs qu'ils ont reçu de leurs devanciers et qu'ils ont le devoir de transmettre intact à leurs héritiers.

Ma tâche doit s'arrêter là : Cependant, il me faut ajouter que les eaux minérales de Vichy de 1686 ne sont, heureusement, pas comparables à notre Etablissement thermal actuel ; qu'aujourd'hui la clientèle de Vichy, qu'il faut, avant tout, ménager, est la plus nombreuse et la première du monde, tandis qu'à l'époque de Fouët, elle était, pour ainsi dire, inexistante ; que, du reste, l'Etat et la Compagnie fermière ne nous contestent pas le principe des droits que nous tenons d'un arrêt de justice. Donc, les restrictions apportées à ces droits dans le seul intérêt des étrangers qui font la fortune de Vichy, doivent être, par nous tous, favorablement accueillies, qu'il s'agisse des carafes et des heures de leur remplissage ou des époques où nous pouvons prendre gratuitement des bains minéraux.

(Les *Annales de Médecine Thermale,* année 1891, page 97).

L'INSPECTORAT DES EAUX MINÉRALES EXISTE-T-IL ENCORE EN FRANCE ?

On croit, généralement, que *l'Inspectorat* des Eaux Minérales n'existe plus en France. Dans nos stations thermales où, pour l'instant, il n'y a plus de médecins-inspecteurs, les jeunes docteurs qui ne savent pas l'histoire, et, aussi, les vieux qui l'ont oubliée, pratiquent, maintenant, leur grand art en pleine tranquilité d'esprit, en pleine quiétude. Ils n'ont plus la crainte de ce minotaure qui, autrefois, dévorait, paraît-il, grâce à son titre officiel, toutes les clientèles médicales qui naissaient autour de lui; ils ont la certitude que cet « autrefois » ne peut plus revenir, car, proclament-ils les uns et les autres, *l'Inspectorat* des établissements d'eaux minérales est mort, et bien mort à tout jamais, depuis que le ministre Constans l'a tué et enterré!

J'estime qu'ils ont grand tort d'être aussi confiants dans l'avenir qu'ils le paraissent. Et, puisqu'ils considèrent que le retour des médecins-inspecteurs serait, pour eux, une calamité qu'il leur faut éviter à tout prix, il n'est pas inutile, il me semble, dans leur intérêt, de les mettre en garde contre leur optimisme actuel. Il suffit, pour cela, de leur apprendre le passé, afin qu'ils se gardent, dans le présent, du fléau qu'ils redoutent, et qui pourra, un jour, les menacer de nouveau, s'ils commettent quelques erreurs telles, qu'en haut lieu on ait, pour les réparer, l'obligation de se rappeler et d'appliquer ce passé.

Les arrêtés ministériels de juin 1889 ont, seulement, supprimé, presque dans toutes les stations thermales françaises, les médecins-inspecteurs et leurs adjoints, mais ils n'ont pas touché à *l'Inspec-*

torat lui-même; ils ont supprimé les fonctionnaires, mais ils n'ont pu atteindre la *fonction* qui, comme le *veau d'or*, est toujours debout!

Les médecins-inspecteurs des Eaux minérales du XIXe siècle n'étaient, en effet, que les survivants des Intendants créés et affirmés par toute la législation sur les eaux minérales des XVIIe et XVIIIe siècles, depuis l'Edit de Henri IV du mois de mai 1605, jusqu'à l'Arrêt du Conseil du Roi Louis XVI, du 5 mai 1781. Ces Intendants, maintenus sous le nom « *d'officiers de santé attachés aux eaux minérales* » par l'article 2 de l'arrêté du Directoire du 23 vendémiaire An VI, et dont les pouvoirs, les fonctions et les appointements étaient déterminés, très explicitement, par l'arrêté du Directoire exécutif du 27 floréal an VII et par les Arrêtés des Consuls de la République du 3 floréal an VIII et du 6 nivôse an XI, sont devenus les médecins-inspecteurs des arrêtés et des circulaires ministériels de 1820. Enfin, l'Ordonnance du Roi du 18 juin 1823, maintenait et organisait l'inspection de toute entreprise ayant pour effet de livrer ou d'administrer au public des eaux minérales naturelles ou artificielles par des docteurs en médecine ou en chirurgie nommés par le ministre secrétaire d'Etat de l'Intérieur, de manière qu'il n'y ait qu'un inspecteur par établissement et qu'un même inspecteur en inspecte plusieurs lorsque le service le permettrait.

Jamais aucune loi, aucun décret, n'ont encore abrogé ces dispositions légales qui, depuis, ont été au contraire affirmées par la loi du 14 juillet 1856, par les décrets des 8 septembre 1856 et 28 janvier 1860, et par la loi du 12 février 1883.

Donc, indiscutablement, *l'Inspectorat* des eaux minérales existe encore *en droit*. J'ajoute, de suite, qu'il existe toujours *en fait*.

Au reste, si on lit attentivement la teneur des arrêtés de 1889 et les termes des lettres d'envoi de ces arrêtés aux médecins-inspecteurs et médecins-inspecteurs-adjoints qu'ils atteignaient (1), on est bien obligé de convenir que le ministre de l'Intérieur n'a jamais eu l'intention de toucher à *l'Inspectorat*. Partout, il écrit que c'est le *poste* de médecin-inspecteur qui est supprimé, et nulle part il ne dit que c'est à cet *Inspectorat*, lui-même, qu'il s'en prend.

Pouvait-il agir comme il l'a fait, sans trop faire échec aux lois, et sans que la vie administrative et médicale des établissements hydrominéraux de France en souffrit le moindrement? Le régime actuel sous lequel vivent, depuis 1889, les stations thermales françaises est-il légal et peut-il légalement se continuer sans qu'il soit besoin d'une législation nouvelle? En un mot, *l'Inspectorat* des eaux minérales peut-il exister sans qu'il y ait des médecins-inspecteurs près les établissements thermaux de France?

La loi semble avoir prévu certains cas d'établissements d'eaux minérales sans médecins-inspecteurs. L'article 18 de l'Ordonnance du Roi du 18 juin 1823, portant règlement de la police des eaux minérales, dit, en effet: « Là où il n'aura point été nommé « d'Inspecteur, tous établissements d'eaux minérales « naturelles ou artificielles seront soumis aux visites « ordonnées par les articles 29, 30 et 31 de la loi « du 11 avril 1803 (21 germinal an XI). »

Il est bien évident que par les mots « là où n'aura « point été nommé d'Inspecteur », il faut entendre: « là où, pour une cause quelconque, il n'y aura point « ou plus d'Inspecteur ».

C'est ainsi, du reste, que cet article a toujours été interprété depuis 1889, par le pouvoir exécutif, avant même que la loi du 25 juin 1908, portant modification des articles 29, 30 et 31 de la loi du 21 germinal an XI sur l'organisation des Ecoles de pharmacie, ait strictement stipulé que les dépôts d'eaux minérales naturelles, les fabriques et dépôts d'eaux miné-

---

(1) J'ai publié ces arrêtés de 1889 et leurs lettres d'envoi, inédits avant moi, dans le tome second de l'*Histoire des Eaux Minérales de Vichy*, pages 366 et suivantes.

rales artificielles seraient, à l'avenir, assujettis à la visite et à la surveillance de l'Inspection des pharmacies.

Tout le monde sait que les articles 29, 30 et 31 de la loi du 21 germinal an XI sont ceux qui ont organisé, en France, cette Inspection des pharmacies. La loi du 25 juin 1908 n'a fait, seulement, que modifier les termes de ces articles pour les mettre en rapport avec ceux de la loi du 1er août 1905 sur la répression des fraudes; elle n'a nullement abrogé l'article 18 de l'Ordonnance du roi du 18 juin 1823. De telle sorte qu'aujourd'hui les Inspecteurs des pharmacies ont, de par cette ordonnance, dans leurs ressorts respectifs d'action, si il y existe des établissements thermaux et hydrominéraux, l'obligation absolue de remplacer les médecins-inspecteurs, révoqués en 1889, pour tout et en tout ce qui concerne au moins l'administration proprement dite, la surveillance générale des locaux et du personnel de ces établissements et leurs exploitations; pour tout et en tout ce qui ne constitue pas, à leur encontre, le délit d'exercice illégal de la médecine.

Donc, légalement, il existe, toujours, un rouage administratif auquel est dévolu, depuis la disparition complète des médecins-inspecteurs des établissements thermaux de France, une grande partie des obligations de ces médecins-inspecteurs. Ce rouage administratif fonctionne, aujourd'hui, ou doit fonctionner partout depuis 1889; en tous cas, il est très facile, là où il ne donne pas encore ce que l'on doit et tout ce que l'on peut attendre de lui, de l'obliger à mieux faire, ou de l'organiser en vue de son utilisation complète pour l'inspection des établissements thermaux dans l'esprit et dans les termes mêmes de l'article 18 de l'Ordonnance du roi du 18 juin 1823, cet article 18 se rapportant, alors, aux trois titres de la loi à laquelle il appartient.

Les Inspecteurs des pharmacies, qui sont les seuls organes de ce rouage administratif dont je parle, les Inspecteurs des pharmacies, dis-je, choisis et nommés

par les doyens des facultés ou les directeurs des écoles de médecine et de pharmacie et par les préfets, ont, je l'affirme et je l'atteste, toute la compétence professionnelle et toutes les connaissances scientifiques nécessaires et indispensables pour répondre, comme il convient, — c'est-à-dire du mieux possible — au vœu que l'Académie de médecine a émis au commencement de cette année 1921, lorsqu'elle a appelé la bienveillante attention de M. le ministre de l'Hygiène, de l'Assistance et de la Prévoyance sociales « sur la nécessité d'exercer une sur-
« veillance efficace sur l'industrie thermale en vue
« de répondre aux exigences suivantes:

« Meilleure et plus rigoureuse exécution des
« prescriptions médicales par les tenanciers d'éta-
« blissements thermaux, par trop enclins à intro-
« duire la plus grande fantaisie dans les pratiques
« pro-médicales dont ils sont chargés.

« Meilleures conditions hygiéniques des établisse-
« ments thermaux, des hôtels, et de tous les autres
« locaux ou installations mis à la disposition des
« personnes qui fréquentent les stations » (1).

Mais les médecins-inspecteurs du XIXe siècle, comme les Intendants de l'ancien régime, avaient, en outre de leurs fonctions administratives et de leurs fonctions de surveillance, un autre grand devoir qu'ils ont toujours placé au premier rang de leurs obligations professionnelles. Qu'ils reçoivent un modeste traitement, comme celui qu'ils touchaient ou pouvaient légalement toucher avant 1883, ou bien qu'ils n'aient plus, depuis la loi du 12 février 1883, pour paie de leur emploi, que « la position privilégiée
« qui leur procurait une clientèle fructueuse par
« laquelle ils étaient suffisamment rémunérés de
« leurs services », ils ont de tout temps soigné, *gratuitement*, les indigents de toute sorte, hospitalisés ou non, qui avaient besoin de boire les eaux, et

____

(1) *Bulletin de l'Académie de Médecine, n° 3,* séance du 18 janvier 1921, pages 98 et 99.

aussi les fonctionnaires auxquels l'Etat a, de temps immémorial, toujours accordé la gratuité du traitement dans ses établissements thermaux.

Lorsque, en 1889, le ministre Constans, plus harcelé encore que ses prédécesseurs par le monde médical des stations thermales françaises, décida de le satisfaire, enfin, en donnant à la loi un de ces « crocs en jambes » que le Conseil d'Etat eut certainement réprimé, si on lui avait déféré, pour abus de pouvoirs, les arrêtés supprimant, d'un seul coup, tous ou presque tous les postes de médecins-inspecteurs et de médecins-inspecteurs-adjoints des eaux minérales, il prit, avant d'agir, la sage précaution d'exiger de ce monde médical, là où besoin était, l'engagement formel et absolu d'assurer *gratuitement* le service des indigents. « Considérant, lit-on, en effet, dans les « préambules de ces arrêtés ministériels de 1889, « que dans d'autres stations thermales, encore pour- « vues d'un médecin-inspecteur, *les engagements* « *pris par les docteurs en médecine exerçant dans* « *la localité assurent les soins gratuits à donner aux* « *indigents admis à faire usage des eaux... »*

Ainsi, d'une part, l'obligation pour les médecins-inspecteurs, prévue par l'article 10 de l'Arrêté des consuls du 3 floréal an VIII, de donner leurs conseils et leurs soins aux indigents admis aux eaux, étant, maintenant, due par les médecins traitants de la station, et, d'autre part, le service administratif ou de surveillance des établissements thermaux de cette station, service qui n'exige pas que son titulaire soit pourvu du diplôme d'officier de santé ou de docteur en médecine, étant assuré ou pouvant l'être très facilement grâce aux prescriptions légales de l'article 18 de l'Ordonnance du roi du 18 juin 1823, il n'est pas douteux que *l'Inspectorat* des eaux minérales, prévu par les lois et règlements que l'on sait, peut exister et existe réellement à l'heure actuelle sans médecins-inspecteurs, sans même qu'il soit besoin d'en nommer de nouveau, tant, tout au moins, que les engagements des médecins traitants des stations thermales, de soigner *gratuitement* tous les indigents qui ont besoin des eaux minérales, seront tenus par ceux-là qui les ont pris ou par ceux qui sont venus après eux et qui ont bénévolement hérité de cette charge.

Mais, il est bien évident que si ces médecins traitants, engagés ou bénévoles, refusaient, un jour ou l'autre, et sous un prétexte quelconque dans lequel l'esprit de lucre ne serait pas étranger, de tenir ces engagements de gratuité affirmés par des signatures sur des documents authentiques, — et si j'examine cette hypothèse, c'est que, déjà, on a esquissé, quelque part, un geste significatif à cet égard — il faudrait, forcément, que l'Etat en revint à la loi, pour assurer un service gratuit qu'il ne peut pas confier à des non-diplômés. Il serait, alors, mis à son tour, dans l'obligation de nommer des médecins-inspecteurs là où il se trouverait en présence d'exigences pécuniaires immédiates contre lesquelles il aurait le droit et le devoir de protester. Rien ne pourrait, dans l'état actuel de la législation, l'empêcher d'appliquer entièrement toutes les lois qui ont créé et organisé *l'Inspectorat* des eaux minérales françaises ; ce serait, alors, le retour pur et simple à ce qui existait avant 1889 ; ce serait le retour à la position privilégiée qui procurerait, immédiatement, une clientèle fructueuse suffisante pour rémunérer des services médicaux gratuits qui s'offriraient, j'en suis sûr, à foison ; ce serait le retour forcé à l'autocratie de Prunelle, se réclamant contre Petit, d'un certain article du cahier des charges de l'Etablissement thermal de Vichy, décidant que le baigneur de cet Etablissement ne pouvait donner aucun bain d'eau minérale ou douche sans une autorisation du médecin-inspecteur.

Mais cela ne sera jamais, car les médecins traitants des stations thermales de France, sauront, j'en suis sûr, faire, partout, honneur à leur signature ou à celles que leurs anciens, dont ils se déclareront solidaires, ont librement données pour éviter à tous l'autoritarisme dont quelques-uns d'entre eux avaient particulièrement souffert; cela ne sera jamais, parce que le médecin de ville d'eaux considérera qu'il doit, par humanité, sinon par devoir, en l'absence du confrère officiel que le pouvoir exécutif a toujours le pouvoir de nommer, donner tous ses soins aux indigents thermaux qui peuvent les réclamer à l'Etat s'ils ne les trouvent pas là où on les a envoyé se soigner; cela ne sera jamais, parce que, enfin, certainement, pour le praticien de ville d'eaux, la crainte du médecin-inspecteur est le commencement de la sagesse.

(Comptes rendus du Deuxième Congrès International d'histoire de la Médecine. — Paris, juillet 1921. — pages 517 et suivantes).

QUELQUES MOTS SUR VICHY

(Conférence faite à Vichy, aux membres de la Société d'Emulation du Bourbonnais, le 7 juillet 1921, à 4 heures du soir).

Mesdames et Messieurs,

Permettez-moi, d'abord, de m'excuser d'être obligé de prendre la parole, en cette fin de chaude et fatigante journée d'excursion, sans m'y être le moindrement préparé. Il avait été convenu, en effet, entre mon ami Joseph Viple et moi, que je vous ferais seulement les honneurs de Vichy, c'est-à-dire que je vous guiderais dans les rues de la vieille ville, puis que, de là, je vous conduirais aux *Aquis Calidis*.

Or, ce n'est pas cela du tout que l'on exige de moi, à cette heure. M. le chanoine Clément veut une conférence. Il me la demande avec une si bienveillante et si amicale insistance, que je ne puis la lui refuser. Vous allez en souffrir quelque peu, car je suis un bien pitoyable improvisateur. En tous cas, ne me rendez pas responsable, je vous en prie, des mauvaises minutes que je vais vous imposer, car, je vous l'affirme, je ne m'exécute que contraint et forcé.

Quand on arrive à Vichy, en 1921, un 7 juillet, à 4 heures du soir, ce n'est pas de l'archéologie que l'on y vient faire. On y a d'autres tentations que celles de savoir comment bâtissaient et vivaient nos arrières grands-pères. Généralement, ici, le passé ne compte guère, le présent y est tout. Et, ce présent, c'est la frivolité, le plaisir, le concert partout... même à l'église, la promenade ombragée, les dancings et le jazz-band, la restauration et son cinéma. C'est, le soir, *Manon* au théâtre du Casino; et c'est aussi une de vos charmantes excursionnistes affirmant devant moi, tout à l'heure, à son directeur de conscience, que le *Goût du Vice* est une comédie très morale, qu'on pouvait parfaitement voir et entendre, malgré que son auteur, l'académicien Lavedan, ne soit pas encore classé parmi ceux dont l'orthodoxie recommande particulièrement la lecture.

Aussi, j'aurais beau, de mon mieux, accorder ma lyre, elle détonnera toujours, j'en ai la certitude, au milieu des bruits harmonieux de la ville enchanteresse, où l'art musical s'impose et fait oublier aux plus cuirassés contre... Satan et ses pompes, l'histoire et ses curiosités, l'archéologie et toutes ses joies.

Mais, rassurez-vous, Mesdames et Messieurs, si je vais être forcément le « Monsieur qui vous ennuie », je suis assez galant homme pour ne l'être, seulement, que juste autant qu'il faut pour que notre savant maître, M. le chanoine Clément, soit satisfait; et j'aime à croire qu'il a l'âme assez libre et assez indulgente pour qu'en cette circonstance elle se satisfasse de peu.

Au reste, qu'ai-je à vous dire de Vichy que vous ne sachiez, déjà, aussi bien que moi? Les histoires anciennes et modernes de cette petite ville, dont la population, avant le XIXe siècle, n'a jamais pu dépasser 1.050 habitants et qui, en certains temps, est descendue jusqu'à 128 feux seulement, ont été écrites et publiées bien souvent et en toutes les langues. La réclame a même quelque peu abusé de cette manière d'appeler la clientèle, là où elle veut l'attirer, et il n'est pas aujourd'hui un *Guide de Vichy* qui, pour faire valoir sa marchandise, ne se serve, à tout propos et de toute manière, des *Gallo-Romains*, des *Aquis Calidis*, des *de Vichy*, du *Moûtier* et des *ducs de Bourbon*. Il n'est certainement personne, parmi vous, qui ne connaisse tout cela, et ce serait tenter l'impossible que de chercher de l'inédit en une matière qui n'en comporte malheureusement plus.

Depuis 1861, surtout, les témoins du passé de Vichy disparaissent chaque année; tout, ici, se transforme rapidement ; on n'y respecte plus rien de l'ancien temps ; tout s'y modernise ; tout y devient « confort moderne ». Et, à part la *Tour* que vous savez ; l'église paroissiale Saint-Blaise, qui n'est pas très intéressante ; une toute petite partie de la façade de l'ancienne demeure des de Vict de Pontgibaud, et cette patriarcale maison où nous sommes réunis en ce moment, il n'y a rien pour vous, rien autre chose à voir que des emplacements où furent, jadis, un château et d'autres habitations qui eurent leurs heures de célébrité.

Il n'y a d'*archéen*, à Vichy, que ses eaux minérales. Mais celles-ci intéressent-elles la Société d'Emulation du Bourbonnais ? Peut-être ? En tout cas, je ne puis ne pas vous en dire quelques mots, car ce serait, de ma part, une ingratitude trop grande de ne pas vous parler un peu de ce que je sais le mieux ; de ce qui a fait la fortune de ma ville natale ; de ce qui l'a placée, sans contestation possible, au premier rang des stations thermales du monde entier.

Il y a environ cent mille ans — à quelques mille années près — pendant toute la vie du tertiaire et de nombreux siècles du quaternaire, là où, exactement, en 1410 de l'ère chrétienne, le bon duc Louis II de Bourbon devait faire construire le couvent des pères Célestins de la Sainte Trinité de Vichy, un geyser d'une puissance dont nous ne pouvons certainement nous faire, actuellement, la moindre idée, lança à travers l'écorce terrestre, encore craquelante en certains de ses points, des gerbes puissantes d'eaux minérales très chaudes, mélangées de gaz carbonique, qui, en retombant dans les eaux plus froides de l'immense lac couvrant alors tout le sol de la Limagne, laissèrent se précipiter des matières salines. Ces matières concrétionnées formèrent, avec le temps, le dépôt d'aragonite qu'on a appelé, depuis les temps modernes, le *Rocher des Célestins*, sur lequel, je le note en passant, la maison où nous sommes a été entièrement construite. Mais, on l'entend bien, ces précipitations ne se faisaient pas seulement en surface, en couches horizontales sur le tertiaire, d'abord, puis sur les dépôts aragonitiques plus anciens. L'immense cassure au travers de laquelle, jaillissait alors, dans le même temps où, non loin de là, se formait la chaîne des Puys, l'eau minérale brûlante, se concrétionnait également; et de mille ans en mille ans, son ouverture diminuait notablement. Bientôt, par rapport à la longue série des âges, ce ne fut plus qu'un filet d'eau qui parvint difficilement à sortir de cette cassure; et ce filet d'eau, certain jour, s'arrêta même de débiter. La cassure, ce jour-là, fut complètement obstruée.

C'est alors que la pression carbonique dut être telle dans le sous-sol du Vichy actuel, qu'elle créa, à quelques cents mètres de ce premier geyser, de nouveaux débouchés à travers le tertiaire, à son eau et à ses gaz. Et, c'est ainsi, semble-t-il, qu'apparurent simultanément ou successivement, pendant le quaternaire, les sources du Gros-Boulet ou de l'Hôpital, du Puits-Carré ou de Chomel, des Petits-Boulets ou du Puits Lucas.

Donc, le rocher des Célestins n'a jamais été, quoi qu'on en ait dit et pensé, la cause efficiente des jaillissements d'eaux minérales froides qu'on y a constatés depuis un temps immémorial. Il n'a été que le produit de ces eaux minérales plutoniennes, qui déposaient leurs excès de matières solides lorsque l'atmosphère carbonique, qui les tenait dissoutes dans une eau excessivement chaude, venait à se rompre en même temps que cette eau se refroidissait. Ce rocher des Célestins n'est, du reste, qu'une sorte d'amande énorme enchassée dans le tertiaire, amande dont l'épaisseur, connue aujourd'hui, est de 15^{m}90.

L'on est, en effet, exactement fixé sur ce point. En novembre 1904, la Compagnie fermière de l'Etablissement thermal de Vichy, pour éviter toute contamination possible des sources des Célestins, captées, jusque-là, presque à fleur de terre, décida d'entreprendre des travaux qui devaient durer près de deux ans, pour les aller prendre dans le rocher, comme on l'avait toujours fait à la surface, mais à une profondeur telle qu'elles seraient absolument à l'abri de toute contamination quelconque. Elle creusa donc un large puits devant le rocher lui-même, puits qu'elle appronfondit jusqu'à 20^{m}50. Dans ce fond, où on était en pleine marne tertiaire, elle ouvrit une galerie qu'elle dirigea perpendiculairement à la façade du rocher. Elle croyait, contre mon avis, qu'elle allait ainsi rencontrer cette façade et qu'elle pourrait retrouver, dans l'aragonite et à cette profondeur, l'eau qu'elle avait au sol. Mais il n'en fut rien. Elle passa sous le rocher et se vit bientôt forcée, devant l'arrivée très abondante de l'eau minérale, de capter en plein tertiaire, une première source des Célestins. Ce succès imprévu l'engagea à poursuivre son travail. Elle ouvrit une nouvelle galerie parallèle à la façade du rocher et put, dans cette galerie, en deux points repérés d'avance, capter deux autres sources semblables et aussi belles que la première. Ces trois sources débitaient, le 24 février 1907, 104 litres à la minute. Ce débit, encore très considérable, n'est plus, aujourd'hui, que de 85 litres dans le même temps.

Pour aérer toutes ces galeries souterraines, dans lesquelles les fermiers de l'Etat sont obligés maintenant d'aller chercher cette eau minérale si agréable à boire, et qui est connue du monde entier, ils durent dans la suite, approfondir à la pointerolle, la citerne creusée jadis dans le roc, par les pères Célestins, pour y recevoir et y conserver les eaux de la fontaine Cyolant. C'est ce dur et long travail qui permit de relever l'épaisseur exacte du bloc d'aragonite dont je vous parle depuis déjà trop longtemps; car ce rocher une fois percé de part en part, il fallut creuser encore les marnes tertiaires pour atteindre le niveau et rejoindre les galeries où jaillissaient les nouvelles sources.

Pendant ces travaux, on constata facilement que

les couches de l'aragonite étaient, dans cette sorte de puits, toutes horizontales, comme elles le sont, du reste, là où nous sommes en ce moment. Il vous suffira, en sortant, pour vérifier ce fait, d'examiner le rocher, à la porte même de cette habitation, dans la rue Verrier. Cela contraste fort avec les strates verticales du rocher dans le parc des Célestins. Tout le monde sait, en effet, que là les couches d'aragonite sont verticales et non pas horizontales, comme ici. Cela s'explique facilement par la théorie de la bascule. Lorsque, pendant le quaternaire, les eaux de la Limagne se retirèrent peu à peu pour n'arriver, enfin, qu'à s'écouler seulement par le fleuve et ses affluents, ce fleuve baignait le roc d'aragonite depuis ses premières assises jusqu'à une hauteur qui diminua d'âges en âges. L'eau, à courant très rapide, ravina fortement et facilement, en-dessous même du roc, les marnes tertiaires sur lesquelles, pesamment, il reposait. Ce ravinement fut tel, à un certain moment, que le poids du rocher, en bascule maintenant dans l'air et dans l'eau, amena une rupture de la partie d'aragonite qui ne reposait sur rien, et qu'il y eut renversement de cette partie du rocher. C'est ainsi que là, les strates, horizontales avant la rupture, comme elles le sont encore partout ailleurs, devinrent verticales dans la partie sud occidentale de cet immense dépôt de carbonates divers, dans lesquels dominent surtout les carbonates de chaux.

L'homme ne connut certainement pas le premier geyser des Célestins. On trouve, en effet, dans le rocher, des fossiles d'oiseaux et de mammifères. On n'y a jamais découvert la moindre empreinte d'un être humain quelconque.

Par contre, avant la conquête romaine, des Celtes et des Gaulois vivaient dans des huttes, isolées les unes des autres, non loin des sources chaudes qui jaillissaient, maintenant, à quelques centaines de pas du dépôt aragonitique de l'époque tertiaire. Ils étaient laboureurs, mouleurs de terres ou fondeurs de métaux; mais ils n'étaient que cela, et jamais, avant César, il n'y eut là autre chose que plusieurs de ces *Vici*, dont il parle souvent dans les *Commentaires;* jamais, avant la conquête, il n'y eut une ville gauloise quelconque, là, où allaient s'élever bientôt des thermes qui eurent une certaine renommée à l'époque gallo-romaine.

Les Romains, en effet, aussitôt maîtres du pays des Arvernes, s'empressèrent de le coloniser, et leurs premiers efforts furent, là comme ailleurs, pour l'utilisation immédiate des sources naturelles chaudes, dont ils prisaient tant les qualités reposantes et guérissantes, lorsqu'on les prenaient en bains ou en boisson. Il y eut aux Aquis Calidis de la table de Peutinger, un édifice thermal d'une assez grande importance. Une voie romaine, venant de Feurs et allant à Clermont-Ferrand, passait près de cet établissement. La borne milliaire trouvée en 1880, sur l'assise même de cette voie romaine, ne laisse plus aucun doute que les eaux minérales du Vichy actuel sont de même origine que celles qui, au troisième siècle de notre ère, jaillissaient aux Aquis Calidis.

Je ne crois pas qu'il faille confondre Vichy et les Aquis Calidis en tant que ville gallo-romaine. Je ne crois pas qu'à l'époque gallo-romaine, postérieurement au IIIe siècle, postérieurement, par conséquent, à la table de Peutinger, il n'y eut qu'une seule ville, là où cette table place les Aquis Calidis. Je pense et je professe qu'il y a eu, pendant un petit nombre de siècles, deux *urbs* bien distinctes, bien séparées là où, aujourd'hui, la grande ville thermale française rayonne, encore tout ignorante de son modeste passé.

La première et la plus ancienne de ces deux villes était les Aquis Calidis, avec sa clientèle de malades et de blessés; la seconde, qui doit dater, ainsi qu'on en peut juger, du IVe siècle, était la *Villa* fondée par le gaulois Vepus, qui se gallo-romanise sous le nom de Vipius, d'où pour son *fundus* le nom de *Vipiacus* d'abord, qui devient rapidement *Vichiacus*, et, enfin, *Vichi* ou *Vichy*.

Ce *Vichiacus* est donc postérieur aux Aquis Calidis. Mais sa situation géographique, sur le roc même d'aragonite, facilement défendable, fera que, pendant les temps Mérovingiens et Carolingiens, il prendra sur la ville d'eaux, sa voisine, désertée depuis les invasions des Barbares, une prépondérance générale, qui n'ira toujours qu'en grandissant, à tel point que les Aquis Calidis finiront par disparaître entièrement et que leur place sera complètement libre le jour où des moines viendront s'établir dans les anciens thermes romains, pour y fonder un important moûtier et une église qui, sous le vocable de Saint-Christophe, restera pendant de longs siècles la paroisse de Vichiacus et de Vichy. Le nom même des *Aquis Calidis* va se perdre assez rapidement, comme se perdent aussi ses temples, ses monuments et ses demeures gallo-romaines, assez nombreuses cependant; on ne connaîtra plus, au temps de la féodalité, que *Vichiacus,* où une famille qui porte *de Vair* vivra, jusqu'à ce qu'à son tour elle cède le pas et tout ce qu'elle possède, ici, aux ducs de Bourbon. Ce sera chose ainsi faite à la fin du XIVᵉ siècle.

Les ducs de Bourbon, à leur tour, n'auront Vichy que pendant, seulement, un peu plus d'un siècle. Après la trahison du Connétable, cette ville, son château et ses eaux minérales, deviendront, comme le reste du Bourbonnais, propriété de la couronne.

L'histoire moderne de Vichy est, dans ses grandes lignes, la même que celle de toutes les autres localités de son importance. Cette ville dut, cependant, à sa position et à son pont sur l'Allier, d'être, pendant les guerres de religion, plus atteinte que bien d'autres. Après 1590, il ne resta rien d'elle, ni de ses papiers communs; tout fut détruit, tout, ou à peu près tout, disparut. Cela explique, peut-être un peu, pourquoi nous sommes, ici, si pauvres, en vestiges du passé.

De ce passé, ce qui reste de plus intéressant est certainement la maison où nous sommes, « le chastelfranc », dont la construction de la partie la plus

ancienne remonte à Antoine Gravier qui, **en 1482,**
figure à l'acte d'érection de la communauté des
prêtres-filleuls de l'église paroissiale de Vichy.
Depuis cet Antoine Gravier, cette maison-mère de
ces Graviers, qui étaient déjà ici en 1271, et qui
fournirent aux XVIIe et XVIIIe siècles, tant de ma-
gistrats à la Chatellenie, au grenier à sel et aux traites foraines, ne sortit de cette famille que le 17 juillet 1786. Après cette date, à partir de l'an IX et
jusqu'en 1822, elle fut, moyennant un loyer de 72
francs par an, la mairie de Vichy. Rachetée le 15
juillet 1826, par M. Alexandre-Joseph Gravier Dumonsseaux, elle fut remarquablement restaurée par
notre hôte, M. Charles-Claude-Alexandre Gravier
Dumonsseaux qui, né là où il demeure toujours, le
1er janvier 1827, porte si allègrement ses 94 ans, que
nous espérons bien fêter, ici, comme il convient, le
centenaire de ce beau vieillard, qui toute sa vie a
travaillé de son mieux à l'histoire de sa ville natale
et qui, encore à cette heure, écrit des journées en-
tières pour mettre au point quelques données incer-
taines de cette histoire. C'est ainsi que, le 23 mai
1921, en prévision de votre venue chez lui, il me
remettait un gros cahier manuscrit qu'il avait achevé
en quelques jours, où il me résumait l'histoire des
vieilles maisons de Vichy et de leurs habitants
successifs.

Si cette demeure, Mesdames et Messieurs, est intéressante à plus d'un point, comme vous pourrez vous
en rendre compte en la visitant, il est dans la *grand'*
chambre où nous sommes réunis, quelque chose de
plus intéressant encore que le Chastel-Franc lui-
même. Dans les trois beaux meubles qui ornent, avec
la superbe cheminée de bois que vous admirez tous
certainement, cette *grand'chambre,* vous pouvez y
voir de gros volumes, admirablement reliés, les uns
in-folio, les autres in-quarto. Ces volumes, tous manuscrits, représentent le travail de bénédictin accompli, pendant tout le cours de sa vie, par M. Gravier
Dumonsseaux. Si je vous disais qu'il existe, dans

cette antique demeure, une telle richesse de documents ou de copies de documents sans vous les montrer, vous ne voudriez certainement pas me croire. M. Gravier Dumonsseaux, dont la modestie n'a toujours eu d'égale que sa courtoisie et que son amabilité pour tous ceux, quels qu'ils soient, qui se sont adressés à lui, veut bien vous faire lui-même l'honneur de ses travaux et vous en expliquer l'importance. Ils sont à noter, car il y a là, je l'affirme pour m'en être servi, une mine inépuisable de renseignements qui permettent, presque toujours, de rechercher les originaux dont ils donnent le texte, sans, hélas! pour le plus grand nombre, en indiquer l'origine.

Et si vous voulez vous faire une idée de l'accroissement de Vichy par l'accroissement de sa valeur immobilière, je vous dirai que la *Maison du Chastel-Franc*, telle qu'elle existe à cette heure, avec son grand jardin et sa façade de magasins sur le boulevard des Etats-Unis, valait au bas mot, avant la guerre, quatre cent mille francs au moins. En 1786, elle a été achetée par M. Gabriel Vigier, notaire royal à Vichy, à Alexandre-Annet Gravier (des Granges) pour le prix de deux mille livres. Le 15 juillet 1826, Alexandre-Joseph Gravier Dumonsseaux la paya, aux héritiers de M. Gabriel Vigier, quatre mille francs. Enfin, le 27 décembre 1858, M. Charles-Claude-Alexandre Gravier Dumonsseaux se la fit attribuer moyennant vingt-quatre mille francs, dans un partage anticipé entre sa sœur, Mme Miéville, et lui.

J'en ai enfin fini, Mesdames et Messieurs, et, comme dans mon commencement, je termine par les excuses que je vous dois pour mon importunité, et aussi par mon remerciement bien sincère pour l'attention que, quand même, vous avez bien voulu me prêter.

(*Bulletin de la Société d'Emulation du Bourbonnais*, année 1921, pages 238 et suivantes).

LA TAXE DE SÉJOUR A VICHY

Les recettes de la Taxe de Séjour doivent-elles, à Vichy,
servir à payer les médecins de la station
qui soignent, pendant la saison, les buveurs d'eaux indigents?

La Chambre d'Industrie Thermale de Vichy a inscrit, au budget de la Taxe de Séjour pour 1924, une dépense de 3.000 francs sous la rubrique : *« Indemnité aux médecins de l'assistance thermale »*.

Cette dépense est, *en droit* comme *en fait*, absolument illégale, et je ne veux pas douter un seul instant que le Conseil municipal refusera d'en permettre l'ordonnancement lorsqu'il aura étudié de plus près cette affaire, qui n'a l'air de rien en elle-même, mais qui, cependant, pose un principe gros de funestes conséquences pour les finances de la Ville et de l'Hôpital civil.

C'est pour aider l'édilité vichyssoise dans l'étude qu'elle aura à faire de cette importante question que, sur sa demande, je veux, dès aujourd'hui, lui donner certaines indications et lui fournir une documentation que je possède afin qu'elle puisse se prononcer en toute connaissance de cause sur la prétention qu'ont certains médecins de Vichy de se faire payer, à l'avenir, un service qui, ici, doit être assuré *gratuitement* comme il l'a été jusqu'à cette heure ; comme il doit l'être toujours quoi qu'en puisse prétendre les intéressés.

Je dis que cette dépense de 3.000 francs pour indemniser les médecins de l'assistance médicale thermale de Vichy, est illégale aussi bien *en fait* qu'*en droit:* Et je le prouve en étudiant, d'abord la question *en droit*.

Le décret du 28 mai 1923 qui a fixé, *pour une*

durée de cinq ans, le tarif de la taxe de séjour qui sera perçue, du 1er mai au 30 septembre, dans la station thermale de Vichy, dit, dans son article 3 :

« Le produit de la taxe sera affecté *intégralement* « aux TRAVAUX visés à l'article 1er de la loi du 24 « septembre 1919, les projets desdits TRAVAUX étant « préalablement soumis à la Chambre d'industrie « thermale ».

Or, l'article 1er de la loi du 24 septembre 1919 prévoit que la création d'une station hydrominérale ou d'une station climatique a pour objet soit de faciliter le traitement des indigents, soit de favoriser la fréquentation de la station et son développement par des TRAVAUX d'assainissement et d'embellissement.

Donc, comme le décret du 28 mai 1923 ne prévoit aucun emploi du produit le la taxe de séjour en faveur du traitement des indigents et qu'au contraire il affecte, INTÉGRALEMENT, ce produit à des TRAVAUX d'assainissement et d'embellissement pour favoriser la fréquentation de la station et son développement, il en résulte obligatoirement que ce serait commettre une illégalité, tant que la taxe de séjour sera perçue, à Vichy, en vertu du décret du 28 mai 1923, c'est-à-dire jusqu'au 28 mai 1928, de distraire la moindre partie annuelle de ce produit de la taxe de séjour pour l'employer à autre chose qu'aux TRAVAUX prévus à l'article 1er de la loi du 24 septembre 1919.

Pour que la dépense de 3.000 francs portée au budget de la taxe de séjour de la station hydrominérale de Vichy soit, jusqu'à un certain point, légale et puisse être légalement ordonnancée, il faudrait que l'article 3 du décret du 28 mai 1923 fut ainsi rédigé : « Le produit de la taxe sera affecté intégra-« lement *à faciliter le traitement des indigents* et « aux travaux visés à l'article 1er de la loi du 24 « septembre 1919, les projets desdits travaux étant « préalablement soumis à la Chambre d'industrie « thermale ».

Mais il n'y a pas, dans ce décret, les mots : « à

« *faciliter le traitement des indigents* »; il y est indiqué, au contraire, qu'aucune somme ne pourra être distraite du produit INTÉGRAL de la taxe de séjour pour servir à autre chose qu'aux TRAVAUX d'assainissement et d'embellissement afin de favoriser la fréquentation de la station et son développement.

Donc, point de doute possible, *en droit*, cette inscription de 3.000 francs au budget des dépenses de la taxe de séjour est absolument ILLÉGALE et serait certainement condamnée comme telle, par le Conseil d'Etat, si un contribuable quelconque de Vichy la lui déférait pour violation flagrante de la loi.

Du reste, l'article 2 du décret du 4 mai 1920 portant règlement d'administration publique pour l'application de la loi du 24 septembre 1919, relative à la création des stations hydrominérales, climatiques et de toursime dit : « Les décrets portant création des « stations hydrominérales ou climatiques, détermi- « neront, suivant les circonstances de chaque espèce, « les mesures à prendre pour faciliter le traitement « des indigents et des familles comprenant trois « enfants et plus, telle que gratuité ou réduction du « prix des soins médicaux ou autres, institution de « maisons de repos, logements à prix réduits, etc. »

Or, le décret du 25 mai 1912 qui, par son article 1er, a érigé la commune de Vichy en station hydrominérale, ne détermine rien du tout, *et ne pouvait, du reste, rien déterminer*, pour faciliter le traitement des indigents, traitement qui, de temps immémorial, est assuré gratuitement à Vichy. Son article 2 institue, dans la commune de Vichy, une Chambre d'industrie thermale, et son article 3 et dernier, charge, simplement le ministre de l'Intérieur le son exécution.

Donc, je le répète, rien, *en droit*, dans l'état actuel de la législation, ne peut justifier le paiement d'une somme quelconque, par le produit de la taxe de séjour, aux médecins de la station hydrominérale de Vichy qui, depuis 1889, ont l'obligation d'y assurer, ou y assurent sans y être tenu, le service de la gratuité thermale.

Mais je dis mieux : Je prétends que cette dépense de 3.000 francs, portée au budget de la taxe de séjour, est, pour Vichy, aussi illégale *en fait* qu'elle l'est *en droit*.

Jusqu'au 27 mai 1889, les soins gratuits à donner aux indigents admis à faire usage des eaux minérales de Vichy étaient une des charges imposées par le décret du 28 janvier 1860, aux médecins-inspecteurs et aux médecins-inspecteurs-adjoints, c'est-à-dire, pour Vichy, à M. le docteur Amable Dubois et à MM. les docteurs Alexandre Willemin, Jules Cyr et Jean Cornillon.

Le 27 mai 1889, intervint l'arrêté ministériel suivant, dont l'original se trouve aux *Archives du Ministère de l'Intérieur*, sous le numéro d'enregistrement 1934 :

Le Ministre de l'Intérieur,

Vu le décret du 28 janvier 1860 portant règlement d'administration publique sur les établissements d'eaux minérales et notamment l'article 1er aux termes duquel « un médecin-inspecteur est attaché à toute localité comprenant un ou plusieurs établissements d'eaux minérales naturelles dont l'exploitation est reconnue comme devant donner lieu à une surveillance spéciale »;

Considérant que les dispositions de l'article précité laissent l'administration juge des circonstances dans lesquelles la présence d'un inspecteur local est nécessaire pour surveiller l'exploitation d'un ou plusieurs établissements d'eaux minérales;

Considérant qu'un certain nombre de localités dans lesquelles se trouvent des établissements thermaux sont restés depuis plusieurs années dépourvues de médecins-inspecteurs, sans qu'il soit résulté de sérieux inconvénients de l'absence de médecins-inspecteurs;

Considérant que, dans d'autres stations thermales encore pourvues d'un médecin-inspecteur, les engagements pris par les docteurs en médecine exerçant dans la localité ou par les Conseils municipaux assurent les soins gratuits à donner aux indigents admis à faire usage des eaux minérales;

Arrête :

Le poste de médecin-inspecteur est supprimé dans les stations d'eaux minérales ci-après :

Vichy (Allier), Gréoux (Basses-Alpes), Cransac (Aveyron), Chaudesaigues (Cantal), Montbrun (Drôme), Euzet (Gard), Bagnères-de-Luchon, Encausse (Haute-Garonne), Barbotan, Castera-Verduzan (Gers), Avène (Hérault), Allevard (Isère), Dax, Pamarde et Préchacq (Landes), Sail-les-Bains, Sail-sous-Couzan, Saint-Alban, Saint-Galmier (Loire), Miers (Lot), Bourbonne (Haute-Marne), Pougues (Nièvre), La Bourboule, Le Mont-Dore (Puy-de-Dôme), Eaux-Bonnes, Les Eaux-Chaudes Saint-Christau (Basses-Pyrénées), Bourbon-Lancy (Saône-et-Loire), Forges-les-Eaux (Seine-Inférieure), La Roche-Posay (Vienne).

Paris, le 27 mai 1889.

CONSTANS.

Le Conseil municipal de Vichy n'a jamais pris, je l'affirme parce que j'en suis sûr, aucun engagement vis-à-vis de l'Etat, pour assurer les soins gratuits aux indigents admis à faire usage des eaux minérales. Ces indigents sont toujours des étrangers à la commune, et l'administration communale n'avait pas, comme elle n'a pas encore, à s'occuper d'eux en aucune façon.

Mais, par contre, il existe aux *Archives départementales de l'Allier, série X, dossier 529*, le document suivant, sur lequel le ministre Constans s'est uniquement appuyé pour révoquer les médecins-inspecteurs-adjoints qui assuraient, seuls, avant le 27 mai 1889 et depuis le 9 juillet 1883, date de la mort de M. l'inspecteur Dubois, le service de la gratuité thermale à Vichy:

Vichy, le 7 juin 1886.

Monsieur le Ministre,

Les soussignés, docteurs, médecins consultants, résidant à Vichy, pensant que la principale objection qui peut être opposée à la suppression de l'Inspectorat est la difficulté pour l'Etat, d'assurer le service médical gratuit:

S'ENGAGENT: 1° à **traiter comme leurs malades payants tous les malades gratuits qui leur seront envoyés par l'administration; 2°** à faire, à tour de rôle et gratuitement, le service de l'hôpital pendant une période de trois ans, temps paraissant nécessaire pour suivre un traitement et en tirer des conclusions utiles au point de vue scientifique.

Signé: Aurillac, Barudel, Beaume, Biernawski, Bignon, Blanchet, Cohadon, Charnaux, Carles, Cormack, Champagnat,

Fournier, **Frémont,** Frantz Glénard, Grellety, Halbron, **Jardet,** de Lalaubie, Lugagne, Morot, Navault, Nicolas, Collongues, Passaquay, Millet-Lacombe, Reignier, Roux, de la Salzède, Souligoux, **Therre,** Versepuy, Windrif.

Toutes ces signatures sont légalisées par le maire de Vichy, elles sont donc indiscutablement authentiques.

C'est, sans discussion possible, sur ce document que le M. le ministre de l'Intérieur s'est appuyé, en 1889, pour justifier son arrêté du 27 mai, lorsqu'il a écrit : « *Considérant que dans d'autres stations thermales encore pourvues d'un médecin-inspecteur* LES ENGAGEMENTS PRIS PAR LES DOCTEURS EN MÉDECINE EXERÇANT DANS LA LOCALITÉ ASSURENT LES SOINS GRATUITS A DONNER AUX INDIGENTS ADMIS A FAIRE USAGE DES EAUX MINÉRALES. »

TROIS des signataires de l'engagement du 7 juin 1886 existent encore et exercent toujours la médecine à Vichy. Ce sont MM. les docteurs Frémont, Jardet et Therre. Si donc leurs jeunes confrères qui, jusqu'à ce jour, ont fait, par solidarité et dans l'intérêt commun de la profession, le service de la gratuité thermale, refusent, à l'avenir, de continuer à assurer ce service, *ce qui est absolument leur droit puisqu'ils n'ont pris, eux, aucun engagement,* ce sont MM. Frémont, Jardet et Therre qui sont tenus, par leurs signatures au bas de l'engagement formel du 7 juin 1886, de l'assurer complètement et *gratuitement,* comme l'assuraient avant 1889, alors que la gratuité était plus chargée qu'aujourd'hui, les trois médecins-inspecteurs-adjoints : MM. Willemin, Cyr et Cornillon. Mais, dans aucun cas, tant qu'il existe de ces engagés de 1886, et si même cela était, *en droit,* légalement possible, on ne peut songer, *en fait,* à inscrire au budget des dépenses de la taxe de séjour une somme quelconque pour indemniser les trois médecins qui doivent obligatoirement faire ce service *gratuitement,* et encore moins ceux qui le font sans y être tenu, uniquement pour éviter du travail *gratuit* à leurs aînés de 1886.

Mais il y a mieux. Je prétends, en effet, que s'il n'existait plus un seul des engagés de 1886 — et pour l'avenir, c'est malheureusement, une éventualité à envisager — les recettes de la taxe de séjour ne pourraient pas, à Vichy, servir à payer aux médecins de la station, les soins qu'ils voudraient bien donner, ou qu'ils donneraient aux indigents admis à l'usage gratuit des eaux minérales.

Il faut se rappeler, en effet, que, si, en France, il n'y a plus de médecins-inspecteurs attachés aux établissements thermaux, ni les lois de la Révolution, ni les ordonnances royales, ni les décrets impériaux qui ont institué l'Inspectorat de ces établissements thermaux, n'ont été abrogés. Donc, du jour au lendemain, le Gouvernement, s'il y est contraint, peut nommer, partout où besoin sera, des médecins-inspecteurs et des médecins-inspecteurs-adjoints, qui seraient obligés, par l'article 11 du décret du 28 janvier 1860 « de soigner gratuitement les indigents admis à « faire usage des eaux minérales. »

Que se passerait-il, à Vichy, par exemple, dans l'état actuel de la législation, si MM. les docteurs Frémont, Jardet et Therre n'étaient plus là et si les médecins de la station refusaient d'assurer la gratuité thermale, alléguant qu'ils n'ont, eux, aucun engagement qui les oblige à faire gratuitement ce service? Evidemment, dans ces conditions, le principal considérant de l'arrêté ministériel du 27 mai 1889 deviendrait, pour Vichy, absolument caduc, puisqu'il n'y aurait plus aucun engagement pris par les docteurs en médecine, exerçant dans la localité, d'assurer les soins gratuits à donner aux indigents admis à faire usage des eaux minérales ; et cela entraînerait fatalement la caducité, toujours en ce qui concerne Vichy, de l'arrêté ministériel lui-même. Alors, le ministère, quel qu'il soit, pour assurer un service public prévu par la loi et qui peut et qui doit l'être sans qu'on ait recours aux recettes de la taxe de séjour, aurait immédiatement recours à cette loi, c'est-à-dire nommerait immédiatement le médecin-inspecteur et les médecins-inspecteurs-adjoints prévus par l'article 1er du décret du 28 janvier 1860. Je ne veux pas douter, du reste, que le Conseil municipal de Vichy, avant de consentir à laisser employer illégalement les deniers communaux à une dépense qui, en tout état de cause, n'incombe pas à la Ville, ne manquerait pas, — si, ce que je crois fort improbable, on pouvait, un jour, en arriver là — de réclamer, pour Vichy, cette nomination légale d'un médecin-inspecteur et de médecins-inspecteurs-adjoints.

Et je puis, d'ores et déjà, l'assurer, que pour ces places, il y aura toujours de nombreux candidats: l'Etat n'aura, je m'en porte garant, que l'embarras du choix !

(Le *Petit Libéral*, n° 22, du 1er juin 1924).

LE SERVICE DES BUVEURS D'EAU
A L'HOTEL-DIEU DE VICHY

On m'affirme que Messieurs les *huit* médecins consultants à Vichy qui, sur leurs demandes, sont chargés, pendant la saison d'été, au lieu et place d'un médecin-inspecteur et de médecins-inspecteurs-adjoints, de faire, à l'Hôpital civil de notre grande station thermale française, le service gratuit des buveurs d'eau, demandent, à l'administration de cet Hôpital, entre beaucoup d'autres choses, un salaire quelconque sous forme d'indemnité de déplacement, par exemple, pour les défrayer, un peu, du temps qu'ils passent chaque matin, pendant vingt et quelques jours, dans une des trois ou quatre salles occupées par ces buveurs d'eau.

Sans vouloir, pour l'instant, discuter le bien fondé des réclamations de Messieurs ces *huit* médecins, il convient de dire, tout d'abord, que ces réclamations, en frappant à la porte de l'administration hospitalière de Vichy, se sont trompées d'adresse.

L'Hôpital de Vichy n'a jamais eu, en effet, l'obligation d'assurer gratuitement les *soins médicaux* — et, par là, j'entends les visites des médecins, la délivrance des médicaments, les analyses chimiques, bactériologiques ou autres, les indications radiographiques, les divers traitements à l'Etablissement thermal, etc., etc. — aux malades hospitalisés qui n'ont pas leur domicile de secours à Vichy même, et qui sont envoyés, ici, exclusivement pour *boire les eaux,* par leurs départements, leurs communes ou des personnes charitables qui se chargent de payer pour eux leurs frais de séjour.

La preuve en est que ces frais de séjour ne sont, pour chacun de ces malades hospitalisés, que de

7 fr. 50 par jour, alors qu'à l'Hôpital civil de Vichy le prix de la journée de l'assistance médicale gratuite, prix de journée dans lequel sont compris les *soins médicaux*, est, officiellement, fixé à *8 fr. 50* par journée. Cette différence de *1 franc* par jour et par malade représente le coût des *soins médicaux*, auxquels les buveurs d'eau hospitalisés n'ont pas droit et qu'ils reçoivent quand même, en partie tout au moins, de cet hôpital, par pure bonté d'âme, par charité seulement.

L'*Hôtel-Dieu* de Vichy loge et nourrit, chaque année, du 14 mai au 30 septembre, cette clientèle indigente moyennant, je le répète, le prix *faible* de 7 fr. 50 par jour, tout comme l'*Hôtel Majestic*, par exemple, loge et nourrit sa riche clientèle, dans le même temps, moyennant le prix *fort* de 100 francs par jour, me dit-on. Mais de même que M. l'administrateur-délégué de la Société Immobilière et Commerciale de Vichy ne se charge pas de payer, pour ses clients, moyennant ce prix *fort*, les honoraires des médecins, du pharmacien, de l'analyste, du bactériologiste, du radiographe et le coût du traitement à l'Etablissement thermal de 1re classe; de même l'administration de l'*Hôtel-Dieu* de Vichy n'est pas tenue de fournir, aux siens, moyennant ce prix *faible*, des médecins, un pharmacien, un analyste, un bactériologiste, un radiographe et le traitement à l'Etablissement thermal de 3e classe.

C'est l'Etat qui, à Vichy, depuis les Lettres Patentes du 23 mars 1716, a assumé la charge d'assurer gratuitement aux pauvres de France ces *soins médicaux*. Il l'a toujours fait, jusqu'au 27 mai 1889, par les Intendants des eaux minérales d'abord, par les médecins-inspecteurs des eaux minérales ensuite. Et si, le 27 mai 1889, il a supprimé, ici, les postes de médecins-inspecteurs-adjoints qui y existaient encore, c'est qu'il avait en main l'engagement formel suivant, dont l'original se trouve aux *Archives départementales de l'Allier*, série X, dossier 529 :

Vichy, le 7 juin 1886.

Monsieur le Ministre,

Les soussignés, docteurs, médecins consultants, résidant à Vichy, pensant que la principale objection qui peut être opposée à la suppression de l'Inspectorat est la difficulté, pour l'Etat, d'assurer le service médical gratuit,

S'ENGAGENT: 1° **à traiter comme leurs malades payants, tous les malades gratuits qui leur seront envoyés par l'administration;** 2° à faire, à tour de rôle et gratuitement, le service de l'Hôpital, pendant une période de trois ans, temps paraissant nécessaire pour suivre un traitement et en tirer des conclusions utiles au point de vue scientifique.

Signé: Aurillac, Barudel, Beaume, Biernawski, Bignon, Blanchet, Cohadon, Charnaux, Carles, Cormack, Champagnat, Fournier, **Frémont,** Frantz Glénard, Grellety, Halbron, **Jardet,** de Lalaubie, Lugagne, Morot, Navault, Nicolas, Collongues, Passaquay, Millet-Lacombe, Reignier, Roux, de la Salzède, Souligoux, **Therre,** Versepuy, Windriff.

Donc, premier point indiscutable, la Commission administrative de l'Hôpital civil de Vichy n'a pas à tenir compte des demandes et des doléances dont elle est saisie par Messieurs les *huit* médecins chargés, chez elle, du service des buveurs d'eaux, puisque ces demandes et ces doléances ne se rapportent ni au logement, ni à la nourriture de ces buveurs d'eau. Le reste, les *soins médicaux* particulièrement, ne la regarde en aucune façon; elle est, en l'espèce, hors de cause et les réclamations qu'elle a reçues sur ce point se sont, comme je l'ai dit plus haut, complètement trompé d'adresse.

*
* *

Messieurs les *huit* médecins consultants à Vichy chargés du service des buveurs d'eau à l'Hôpital civil n'ignorent plus, depuis que *Le Petit Libéral* l'a publié, une première fois, dans son numéro du 1er juin 1924, l'existence de l'engagement ci-dessus. Mais, je sais d'une façon certaine par le plus considérable d'entre eux, qui est sinon le plus ancien, du moins le meilleur de mes amis, qu'ils soutiennent et prétendent, maintenant, que c'est là un engagement personnel, qui n'oblige que ceux qui l'ont signé et qui n'a aucun

effet vis-à-vis de ceux qui, n'étant pas encore à Vichy
en 1886, n'ont pu être partie à ce contrat unilatéral :

Comment l'aurois-je fait si je n'étois pas né ?

Il est indiscutable qu'*en droit* ils ont absolument
raison, car nul ne peut traiter pour autrui sans une
procuration authentique et régulière ; et leurs confrères de 1886 n'avaient certes pas qualité légale pour
les engager, eux, les « *à venir* », d'une façon quelconque. Mais, *en fait*, et dans l'intérêt du bon renom
et de la dignité de la collectivité professionnelle à
laquelle ils appartiennent, ils ont, peut-être, tort. Je
vais essayer de le leur prouver sans plus attendre :

Pas un seul des trente-deux signataires de la lettre
au ministre de l'Intérieur du 7 juin 1886, n'a songé,
un seul instant, qu'il négociait, avec l'Etat, pour lui
tout seul, pour son compte personnel, et, qu'après lui,
ceux qui, alors, seraient là, pourraient *se défiler* « *en
douce* », et rendre, ainsi, caduc l'engagement sur
lequel était fondé l'arrêté ministériel du 27 mai 1889
supprimant, à Vichy, les trois postes de médecins-
inspecteurs-adjoints. Tous pensaient, au contraire,
qu'en agissant comme ils le faisaient pour le bien de
la profession, ils engageaient leurs successeurs, car
tous disaient, à tort ou à raison, que l'*Inspectorat*
était un danger qu'il fallait à tout prix faire cesser
le plus vite possible pour le présent et éviter complètement pour l'avenir. J'en appelle de cette opinion
aux trois médecins de Vichy encore vivants et dont
les noms figurent parmi ceux de leurs collègues de
1886. Pas un d'eux ne me démentira, j'en suis certain,
lorsque j'affirmerai qu'ils étaient alors convaincus
que ceux qui entreraient, après eux, dans la carrière,
se croiraient, dans l'intérêt de la profession médicale,
liés autant qu'ils l'étaient eux-mêmes, étant donné,
surtout, le but que tous ils poursuivaient en signant
l'engagement du 7 juin 1886.

Et, cela est si vrai que, lorsque, en 1891, il fallut
en venir, après des essais malheureux pendant deux
saisons consécutives, à faire un choix, parmi les

médecins de la station thermale, pour assurer un service régulier de buveurs d'eau à l'Hôpital civil de Vichy, MM. les docteurs Sénac et Pupier, qui n'étaient cependant pas signataires de la lettre du 27 juin 1886, se considérèrent comme solidaires de leurs confrères qui s'étaient engagés en dehors d'eux, et firent, gratuitement et sans récriminer, le service dont on les avait chargés quand même. J'ajoute, à la louange du docteur Pupier, que non seulement il fit, alors, sans réclamer le moindre salaire, ce qu'il considérait comme un devoir de solidarité professionnelle, mais encore qu'il continuât, comme il l'avait toujours fait auparavant, de ne pas quitter son cabinet en octobre de chaque année, sans apporter au Bureau de Bienfaisance son offrande anonyme pour les pauvres de Vichy.

J'ai été mêlé de très près, par mes relations bien connues avec le docteur Jean Cornillon, à la lutte contre ou pour l'*Inspectorat des eaux minérales*, lutte qui commença, à Vichy, dans la presse politique, en septembre ou octobre 1881, si j'ai bonne mémoire. Lorsque, en 1886, je fondais, ici, avec Joseph Nicolas (du Mont-Dore), *Les Annales de Médecine Thermale*, nous eûmes, comme premiers collaborateurs, non seulement Jean Cornillon, qui était médecin-inspecteur-adjoint, mais aussi les docteurs Bignon, de Lalaubie père et Gabriel Nicolas qui, eux, étaient contre l'*Inspectorat*. Je me souviens très bien que MM. Bignon, de Lalaubie père et Gabriel Nicolas considéraient, alors, que les médecins-inspecteurs n'en avaient plus que pour peu de temps à exister, car, par l'engagement d'assurer le service médical gratuit que les médecins de Vichy venaient de prendre, *engagement qui serait toujours tenu aussi bien par tous ces médecins que par ceux qui viendraient après eux*, l'INSPECTORAT venait de recevoir le coup fatal. Au reste, on peut, sans crainte de se tromper, hautement affirmer que si, en 1886, Messieurs les *huit* médecins, chargés actuellement du service des buveurs d'eau à l'Hôpital civil, avaient été *consultants* à Vichy, tous auraient été parmi les signataires de l'engagement du 7 juin, car aucun d'eux n'aurait eu de raisons pour soutenir d'une façon quelconque l'*Inspectorat*.

Donc, second point qui me semble aussi indiscutable que le premier, les signataires de la lettre du 7 juin 1886 à M. le Ministre ont certainement cru que leur engagement vaudrait non seulement pour eux pendant toute leur vie, mais encore pour leurs confrères, qui, après eux, exerceraient leur profession à Vichy.

Et, alors, n'aurait-il pas mieux valu qu'une pareille question ne fût pas soulevée?

*
**

Mais, que les signataires de la lettre à M. le Ministre du 7 juin 1886 aient pensé, jadis, d'une façon ou d'une autre, cela importe peu pour le présent. Il est bien certain, en effet, qu'*en droit*, aucun des nombreux médecins qu'on peut consulter actuellement à Vichy, à l'exception, toutefois, de MM. Frémont, Jardet et Therre, ne s'est engagé à faire gratuitement le service des buveurs d'eau à l'Hôpital civil de cette ville, service médical qui doit être assuré, je le répète, car tout est là, par l'Etat seul, sans le concours financier de cet Hôpital civil.

Donc, c'est à l'Etat que Messieurs les *huit* médecins chargés actuellement du service des buveurs d'eau à l'Hôtel-Dieu de Vichy, vont avoir à s'adresser, lorsqu'ils auront en main, comme cela est probable, une fin de non-recevoir de la Commission administrative de cet Hôtel-Dieu.

*
**

Que fera l'Etat en présence des justes réclamations de Messieurs ces *huit* médecins? Je dis « justes » réclamations, car j'estime qu'aujourd'hui, surtout, tout travail qui n'est pas dû a droit à un salaire, même pour les médecins qui ne prêtent plus, comme autrefois à Montpellier, le serment « *de donner leurs soins gratuits à l'indigent* ». Que fera l'Etat, dis-je, s'il est menacé d'une grève générale de tous les praticiens exerçant leur art près de *ses* Sources minérales et de *son* Etablissement thermal de Vichy, praticiens qui ne voudront plus travailler pour lui sans être rémunérés?

Quatre solutions possibles se présenteront certainement à son esprit, étant donné que la situation actuelle des finances de la France ne lui permet pas de demander au budget des dépenses le moindre sacrifice pour salarier un service d'assistance qui, jusque-là, ne lui a jamais rien coûté.

Tout d'abord, il aura la ressource d'exiger de MM. Frémont, Jardet et Therre, signataires de la lettre du 7 juin 1886 qui sont, heureusement, toujours là, qu'ils tiennent leurs engagements et qu'ils remplacent, partout où besoin sera, Messieurs les grévistes, si grévistes il y a. Je m'empresse de dire que cette solution est impossible et qu'il ne viendra à l'esprit de personne de s'y arrêter le moindre instant. Non pas que je doute de la bonne volonté de ces trois savants praticiens; je sais, au contraire, que l'un d'eux, tout au moins, est bien décidé à aller jusqu'au bout et à répondre complètement à l'appel qu'on lui fera, si l'on se décide à en arriver là. Je les connais, du reste, assez tous les trois pour être certain qu'aucun d'eux ne refusera de faire honneur à sa signature. Mais, hélas! vouloir et pouvoir sont deux verbes dont les significations sont bien différentes. On peut *vouloir* et ne pas *pouvoir*, car les forces humaines ont des limites. Or, on ne peut pas demander à des hommes qui, tous, ont dépassé la soixantaine et qui sont près d'atteindre à leur quatorzième lustre, de faire, *à trois*, ce que leurs jeunes confrères ont grand peine à faire *à huit*. Je n'insiste donc pas et je passe.

La seconde solution que l'Etat pourra envisager est le rétablissement pur et simple de l'*Inspectorat*, tel qu'il fonctionnait à Vichy avant 1889, ou d'un *Inspectorat* modifié, d'un *Inspectorat* complètement fonctionnarisé, comprenant notamment l'emploi du

Commissaire du gouvernement actuel uni à celui du médecin-inspecteur de jadis, avec cette restriction que ce médecin-inspecteur fonctionnarisé recevrait un traitement suffisant pour qu'on puisse lui imposer l'obligation de ne faire, à Vichy, en aucun cas, de la clientèle payante. Au reste, la gratuité médicale des buveurs d'eau, aussi bien en ville qu'à l'Hôpital civil, l'occuperait suffisamment pendant quatre mois et demi de l'année pour qu'il n'ait pas à songer à autre chose. La partie administrative de sa place serait, naturellement, faite comme l'est aujourd'hui celle du Commissaire du gouvernement, par un secrétaire *ad hoc*, en qui il aurait toute confiance. Je vois assez bien, dans cette nouvelle fonction, largement rétribuée par les Etablissements thermaux et hydrominéraux de Vichy et du Bassin de Vichy qu'il aurait à surveiller, M. le docteur Le Moignic, commandeur de la Légion d'honneur, Commissaire du gouvernement actuel, dont la science est certainement à la hauteur de son socialisme éclairé. En tout cas, par le temps qui court, ce n'est pas le fonctionnaire qui serait difficile à trouver, d'autant plus qu'il aurait à Vichy, pour se loger, le plus bel hôtel particulier — l'hôtel actuel du préfet de l'Allier — de tous ceux qui ornent maintenant la station thermale. J'ajoute que le ministre Constans, qui était le roi des *pince sans rire* — le général Boulanger s'en est bien aperçu — prévoyant, je le sais, ce qui se produit ou peut se produire actuellement à Vichy, avait, en 1889, absolument refusé de supprimer l'*Inspectorat*. Il avait, seulement, dans un but électoral bien connu, révoqué les médecins-inspecteurs et les médecins-inspecteurs-adjoints qui portaient ombrage à leurs confrères, dans les stations thermales où l'on faisait de la clientèle. Mais il avait, aussi, réservé la possibilité pour l'Etat, le jour où il serait embarassé, d'en revenir à l'*Inspectorat*, qui serait toujours debout, et de nommer, partout où besoin serait, des médecins-inspecteurs et des médecins-inspecteurs-adjoints.

L'Etat pourrait, en troisième lieu, se décharger

complètement sur l'administration hospitalière de Vichy du soin d'assurer, ici, *entièrement* le service de la gratuité médicale aux indigents buveurs d'eau qui viennent chaque année, à l'Hôpital civil, faire une saison de vingt et un jours. La question judiciaire du *sou par bouteille* n'est pas encore définitivement réglée. On négocie, depuis plusieurs années, pour en arriver à une entente amiable fort désirable. Pourquoi l'Etat ne prendrait-il pas part à ces négociations et ne ferait-il pas à cet Hôpital civil des concessions telles qu'il pourrait, alors, lui imposer des **charges** qui le débarasseraient, à tout jamais, de tous **soucis** relativement aux pauvres de France qui ont besoin de *boire les eaux* et qui, de tout temps, sont venus, ici, comme les riches, chercher la santé à laquelle ils ont droit peut-être plus que tous les autres?

Enfin, il est une dernière solution qui est *radicale* sans être absolument *socialiste;* c'est celle qui consiste à dire que le combat cessa faute de combattants. L'Etat a toujours le droit, en effet, de supprimer *radicalement* la gratuité des eaux minérales pour les indigents. Il n'aurait plus, alors, à s'occuper des *soins médicaux* à donner à ces indigents. Et, si l'Hôpital civil de Vichy continuait alors, par charité sociale, à recevoir, pendant la saison d'été, des buveurs d'eau, il aurait, seul, la charge, non seulement de les loger et de les nourrir, mais encore de les médeciner, de les baigner et de les doucher. Mais il pourrait, aussi, revenant sur tout son passé, supprimer somplètement son service temporaire de buveurs d'eau, ce qui résoudrait, au mieux des intérêts de tous, peut-être, la question que je discute aujourd'hui.

J'ai bien recherché, encore, si, pour résoudre cette question, l'on ne pourrait pas faire jouer la loi du 15 juillet 1893 sur l'assistance médicale gratuite. Malheureusement, il s'agit, à Vichy, de malades hospitalisés, et l'article 26 de cette loi ne s'applique qu'au service d'assistance *à domicile.* Mais, par contre, je me demande pourquoi les médecins de *l'assistance thermale* de Vichy réclament des honoraires au budget de la taxe de séjour, quand ils ont, eux, la facilité de se faire payer, sans discussion possible, par l'assistance médicale gratuite?

*
**

Quoi qu'il en soit de tout cela, la question de la gratuité des *soins médicaux* à donner aux buveurs d'eau hospitalisés à Vichy est posée, et il faut la résoudre. Il faut que, dorénavant, chacun sache à quoi s'en tenir sur ses droits et ses devoirs. Indiscutablement, les médecins consultants à Vichy, qui passent une partie de leur temps à soigner les pauvres étrangers à la commune et qui n'ont pris aucun engagement de faire ce service gratuitement, ont droit à des honoraires ou peuvent refuser d'accomplir un travail non rémunéré. Personne, que je sache, peut leur contester ce droit. Quant à moi, je pense qu'il faut qu'on leur donne satisfaction au plus vite, mais à la condition formelle et *sine qua non* que ce ne soit ni au dépens du budget de l'Hôpital civil, ni au dépens du budget de la Ville, ni au dépens du budget de la Taxe de Séjour.

(*Le Petit Libéral* du 16 novembre 1924).

LA GRANDE MISÈRE DES HOSPICES CIVILS DE VICHY

*J'ai adressé, le 5 mars 1921, la lettre ci-dessous à
M. le Directeur du* Progrès de l'Allier, *à Moulins:*

Mon Cher Ami,

Vous avez certainement su la grande misère des
Hospices civils de Vichy. Vous avez su que cet Hôpital modèle, dont s'enorgueillissait tant, avant la
guerre, notre grande station thermale bourbonnaise,
a plus souffert, peut-être, que les autres hôpitaux de
France, parce qu'il s'est vu, d'un seul coup, privé,
presque complètement, du *sou par bouteille* d'eau
minérale exportée hors de Vichy, et qu'il a voulu,
quand même, faire tout son devoir en donnant, pendant quatre ans, avec un désintéressement absolu,
tout ce qu'il avait pour secourir non seulement les
blessés qui emplissaient ses services d'hiver et d'été,
mais encore ceux des hôpitaux militaires qui ne
pouvaient trouver que chez lui les soins que la gravité
des blessures des soldats hospitalisés à Vichy exigeait. Ses ressources annuelles étant plus que dimi-
nuées, alors que ses dépenses étaient, ainsi, plus
qu'augmentées, l'Hôpital de Vichy dut, à un certain
moment, s'endetter pour pouvoir « cuire » encore.

Des jours très sombres pour nos pauvres de Vichy
se sont donc levés après l'abondance d'avant 1914.
En 1920, la Commission administrative des Hospices
civils de Vichy, pour arriver à équilibrer son budget,
dut comprimer le plus possible ses dépenses. Elle dut,
pour économiser sur le chauffage, réunir dans les
mêmes locaux malades sur malades; elle dut licencier
une grande partie de son personnel secondaire; elle
dut se priver du concours de tout ce qui n'était pas,
pour elle, absolument et strictement obligatoire.

Enfin, elle fut forcée, devant l'insistance de l'administration supérieure, d'envisager la terrible nécessité où elle allait peut-être se trouver, de se débarrasser des vieillards hospitalisés qui, là, achèvent une existence dure et pénible, et, aussi des orphelins et des orphelines qui y commencent, joyeusement, une vie loin, pour l'instant du moins, des misères sociales et des contaminations morales de la rue.

Aujourd'hui, ce mal est à peu près conjuré. La Ville a pris à sa charge l'entretien complet des *vieux* et des *vieilles*, et pour que l'administration hospitalière puisse ne rien changer à la vie commune des *petits* et des *petites*, qui sont les enfants heureux de cette grande et bonne maison, Madame la Supérieure des Sœurs de la Charité, au nom de toutes ses compagnes, s'est engagée à assurer *pendant dix ans*, à ses seuls frais, l'entretien de ces enfants, afin que les Hospices civils de Vichy, qui les ont recueillis quand ils pouvaient le faire, ne soient pas forcés de les abandonner, aujourd'hui, et puissent encore leur donner le vivre et le coucher.

Mais l'on comprend bien que les Filles de Saint-Vincent-de-Paul — ces servantes des pauvres, comme elles aiment qu'on les appelle — ont compté sur d'autres bourses que les leurs — elles ont toutes fait vœu de pauvreté et ne possèdent généralement et individuellement rien — pour subvenir aux nouvelles charges dont elles viennent de se charger. Elles se sont déjà mis en route pour trouver qui les aidera à « linger », habiller, coiffer et chausser leurs 40 ou 50 orphelins ou orphelines. Mais elles disent leurs besoins si discrètement que j'ai grand peur qu'elles ne reçoivent pas tout ce à quoi elles ont droit et tout ce qu'il leur faut pour tenir l'engagement qu'elles ont pris.

Je n'ai su, moi-même, ce qu'il en est, que par une indiscrétion dont on s'est fort excusé.

Je sais, aussi, que les offrandes viennent, mais viennent petitement.

Je suis convaincu, mon cher ami, qu'il n'en est ainsi, dans ce Vichy, si généreux d'ordinaire, que parce que Vichy ne sait pas; et je vous demande de m'aider, par la grande publicité de votre journal, à mettre tout le monde d'ici au courant d'une situation qu'il ignore.

Ce ne sont pas seulement des dons en argent dont ont besoin les sœurs de l'Hôpital de Vichy; elles demandent, également, qu'on leur donne, en nature, de la lingerie usagée, des vêtements d'hommes et de femmes mis au rebut; de la laine à tricoter; des fournitures de mercerie; des chaussures déjà portées, etc., etc. Elles feront, elles-mêmes, avec tout cela, des chemises, des pantalons, des mouchoirs de poche, des costumes pour garçons et filles, des bas et des chaussons; elles tireront partie de tout comme elles savent le faire et comme elles ont déjà commencé à le faire. Tout sera le bienvenu, je m'en porte garant; et tout sera accepté avec reconnaissance par Madame la Supérieure.

Laissez-moi espérer, mon cher ami, que vous voudrez, comme moi, coopérer à la bonne œuvre à laquelle je vous convie en publiant cette lettre d'appel à la charité publique dans un des plus prochains numéros du *Progrès de l'Allier*, et croyez-moi toujours votre affectueusement dévoué.

(*Le Progrès de l'Allier* du 10 mars 1921).

TROIS LETTRES OUVERTES A M. LE MAIRE DE VICHY

1° Sur la borne milliaire

Beauregard, le 14 mars 1913.

Mon cher Maire,

Permettez-moi de pousser, auprès de vous, un cri d'alarme en faveur de la *borne milliaire* de Vichy qui, depuis bien des années, est exposée, sans défense, aux déprédations inconscientes des uns, et aussi, quelquefois, aux outrages utilitaires des autres.

J'y ai vu, plusieurs fois, en effet, des affiches commerciales ou autres collées sur son inscription elle-même; j'y ai vu cette inscription blanchie à la craie ou colorée diversement; j'y ai constaté des essais de rayures profondes imitant ces lettres romaines qui en font tout le prix; je l'ai vue prise pour cible par des enfants, et criblée de pierres ou d'autres projectiles!

Ce précieux et plus ancien document de notre histoire locale ne mérite pas, je vous l'affirme, qu'on le traite aussi brutalement qu'on le fait généralement. Et j'appelle sur lui, mon cher Maire, tout le désir que vous devez certainement avoir de ne rien laisser perdre de ce qui fait maintenant la gloire passée de notre beau et grand Vichy.

La « borne milliaire », pour laquelle je vous implore, est la seule preuve absolument certaine que Vichy était, à l'époque gallo-romaine, les *Aquis Calidis* de la *Table de Peutinger*.

Jusqu'en 1880, ce titre de gloire, ce titre qui fait remonter l'usage de nos eaux minérales aux premiers siècles de l'ère chrétienne, nous était contesté. Les *Aquis Calidis*, disait-on, c'était Chaudes-Aigues, dans le Cantal, ou le Mont-Dore, dans le Puy-de-Dôme. Et nous ne pouvions rien ou à peu près rien opposer à ces affirmations osées, pas même la traduction française de ces mots *Aquis Calidis*, qui indiquait, au contraire, que Chaudes-Aigues avait tous les droits à la revendication qu'il émettait.

Mais, lorsque, en défonçant le vieux cimetière du Moûtier, on eût trouvé, enterrée aussi, la « borne milliaire » là où elle avait, seize ou dix-sept siècles plus tôt, jalonnée la voie romaine qui, de Lyon, conduisait à Clermont-Ferrand par Feurs, Roanne, Varennes, Vichy et Effiat, il n'y eut plus de doute possible, et tous les historiens nous accordèrent, alors, nos lettres d'ancienne station gallo-romaine. Cette *borne milliaire*, en effet, identifia, d'une façon indiscutable, notre Vichy actuel avec les *Aquis Calidis* d'autrefois.

Vous voyez donc, mon cher Maire, combien ce monolithe qui ne dit rien ou à peu près rien à tous ceux qui, sans intérêt, le maculent de si abominable façon ou le criblent de coups qui, peu à peu, le défigurent, est, au contraire, précieux pour l'histoire de Vichy.

Et c'est à cause de cela que je prends la liberté de crier, une fois encore, mes craintes, et de vous demander, pour lui, votre bienveillante intervention, afin qu'on le mette ailleurs qu'il est aujourd'hui.

Mais, où, toute la question est là?

Evidemment, sa place toute indiquée serait dans le Musée que nous aurions pu si facilement combler d'objets précieux avec toutes les belles choses gallo-romaines qu'on a découvertes dans notre sol et dont on a garni, particulièrement, les Musées de Moulins, de Saint-Germain-en-Laye et de Lyon.

Mais, hélas! nous n'avons pas de musée.

Ne croyez-vous pas, alors, que la Ville devrait demander à l'Etat de vouloir bien abriter son monolithe — la preuve de son existence gallo-romaine — dans le grand hall de l'Etablissement thermal de 1re classe? Cette *borne milliaire* serait, là, très à l'abri des méchants et des sots, sous le dôme majestueux de ce magnifique monument et près des **peintures** symboliques d'Osbert.

Enfin, si cette solution, pour une cause **ou** pour une autre, déplaisait au Conseil municipal, je vous demanderais, alors, de faire planter la *borne milliaire* là où elle était sous Marcus Julius Philippe, au IIIe siècle de notre ère, dans le quartier du Moûtier, près de l'emplacement de l'Etablissement thermal gallo-romain, sur la voie romaine elle-même, c'est-à-dire sur la petite place communale formée **par la** rencontre de la rue de l'Etablissement thermal avec la rue Callou.

Elle serait, là, en plein quartier thermal, **dans un** endroit bien tranquille où, certes, personne ne songerait à la souiller. Cela aurait aussi l'avantage historique de la remettre là où elle était **après** que les Gaulois, vaincus, virent la civilisation romaine s'imposer chez eux et utiliser, pour la santé **des** peuples, les sources chaudes et bienfaisantes dont la nature prodigue avait comblé ce lieu.

Et si, mon cher Maire, vous faites accueillir, par le Conseil municipal de Vichy, cette dernière solution, je me mettrai immédiatement en quête auprès des quelques rares *Vieux-Vichyssois* qui submergent encore dans notre ville, afin qu'à nous **tous** nous fassions le nécessaire pour parer et entourer, comme il convient, ce bloc de pierre informe sur lequel est gravé une inscription latine qui ne dit rien au plus grand nombre; ce bloc de pierre qui, pendant bien des siècles, a dormi dans le champ de repos à côté de nos ancêtres et qui est, pour nous, à cette heure, l'origine de notre meilleur chauvinisme et **de** tout notre orgueil; de cet orgueil que nous avons d'affirmer la descendance gallo-romaine de notre ville d'eaux.

Croyez-moi, mon cher Maire, votre affectueusement dévoué.

(Le *Progrès de l'Allier* du 20 mars 1913).

2° Sur le nom de quelques rues de la Ville de Vichy

Beauregard, le 22 avril 1913.

Mon cher Maire,

Je vous remercie sincèrement d'avoir bien voulu vous occuper du sort de la « borne milliaire » de Vichy. Elle va quitter, m'avez-vous dit ces jours passés, la place de la République où elle était très mal, pour le square des Nations où elle sera très bien ; j'en suis vraiment fort aise. Donc, encore une fois, mon cher Maire, grand merci pour elle, et grand merci pour moi dont vous avez si aimablement accueilli la requête.

Ma joie qui est grande, je vous l'avoue, serait plus grande encore si je pouvais écrire que cette borne milliaire va orner, dorénavant, la place ou le square du « Fatitot » et non pas le square des Nations !

Que l'on ait, ici, en 1864 ou 1865, abandonné ce vieux nom de « Fatitot » écrit à chaque feuillet de l'histoire ancienne de Vichy, je le comprends jusqu'à un certain point, puisqu'il est d'usage, maintenant, comme il y a cinquante ans, d'appeler place de l'Hôtel-de-Ville tout le terrain public qui, dans nos cités françaises, entoure les maisons communes. Mais, pourquoi, hélas! puisque pour la seconde fois il a fallu débaptiser et rebaptiser le vieux « Fatitot », ne pas en être revenu à son nom primitif, à ce nom qui nous est si cher à nous tous les anciens du pays, à nous tous qui nous souvenons du Vichy d'autrefois et qui gardons dons nos cœurs le culte du passé et la passion de notre vieille Tour? J'avoue que j'en veux peut-être un peu à mes bons amis Eugène Barathier et François Taureau — les deux seuls vieux Vichyssois pur sang qui, je crois, ont pu trouver grâce, aux élections municipales de 1912, devant le suffrage universel — de ne pas s'être élevés vigoureusement contre toute autre appellation pour l'ancienne place de l'Hôtel-de-Ville, que celle qui devait, chez nous, renouer la tradition historique et satisfaire notre chauvinisme local.

Mais, il est peut-être possible encore, avant que l'on connaisse, de par Vichy, le nouveau square des Nations, de décider, sans inconvénient, qu'il s'appellera, à l'avenir, comme dans le passé, « place du Fatitot ». Dans ce cas, je vous demanderais de soumettre ma proposition aux délibérations de ceux qui ont mission de veiller sur les intérêts moraux de la cité et, le cas échéant, de la défendre de votre mieux vous, mon cher Maire, que j'ai toujours connu traditionnaliste endurci.

Et puisque, mon cher ami, j'ai enfourché, encore une fois, mon dada favori, permettez-moi, quoiqu'il puisse vous en coûter de patience, d'aller jusqu'au bout de ma pensée.

Pourquoi, aux angles de nos rues et de nos places publiques lit-on, généralement, tant de noms d'illustres inconnus, tant de noms de nos contemporains qui ne méritent pas une telle gloire, tant de noms de nations ou de villes étrangères, tant de noms de provinces ou de villes françaises qui ne réclament pas un tel honneur, alors, surtout, que nous avons des « nôtres » parmi les meilleurs qu'on a jusqu'ici oublié de distinguer comme ils le méritent?

Je m'explique en vous citant quelques exemples :

Le conventionnel régicide Pierre-Jacques Forestier est né, à Vichy, le 30 juillet 1739, dans une maison, disparue aujourd'hui, qui faisait l'angle de la rue de la Tour et de la place Sévigné. Avant d'être élu procureur-syndic du district de Cusset, puis député de l'Allier, Pierre-Jacques Forestier était homme de lois. Cela lui avait valu, sous l'ancien régime, d'être, après son père, fermier de la Censive de Vichy, puis conseiller du Roy, maire de cette ville et communauté de Vichy. Il fit partie, à la Convention, de cette phalange de hardis montagnards qui, pour sauver la patrie en danger et la République une et indivisible, n'hésitèrent pas à avoir de l'audace, encore de l'audace, toujours de l'audace et d'aller, ainsi, d'audace en audace, jusqu'au gouvernement de la Terreur et à ses tragiques conséquences.

Cusset, depuis longtemps déjà, a honoré notre concitoyen; Cusset a une rue qui s'appelle: « Rue Pierre-Jacques-Forestier »; à Vichy, sa ville natale, cet homme public de la grande époque révolutionnaire, ce représentant du peuple, qui fut envoyé plusieurs fois en mission pour activer les armements et préparer la défense nationale, est, aujourd'hui, complètement inconnu.

Je sais bien qu'il y a, ici, une « rue Forestier », comme il y a, aussi, une « rue Chomel »; mais je sais aussi que ce nom-là de Forestier est simplement celui du propriétaire qui a ouvert jadis cette voie publique et non pas celui de notre glorieux vieux Vichyssois, comme, du reste, la rue Chomel se recommande simplement de la source de ce nom et non pas de Jacques-François Chomel, l'intendant des eaux minérales de 1715, à qui l'on doit ce fameux « sou par bouteille » qui, aujourd'hui, rapporte 300.000 francs environ par an au budget des recettes des Hospices civils de Vichy.

Pourquoi, mon cher Maire, ne feriez-vous pas décider que la rue Forestier s'appellera dorénavant: « rue Pierre-Jacques-Forestier », et que la rue Chomel s'appellera aussi « rue du Docteur-Chomel », comme cela existe déjà pour le docteur Fouët et pour le docteur Giraud? Ainsi, il n'y aurait plus d'ambiguité possible.

Et, puisque j'en suis aux intendants, pourquoi Fouët, pourquoi Chomel, pourquoi Giraud et pourquoi pas Charles Bouérot, François-Hubert Chapus, Emmanuel Tardy? Ceux-ci ne sont-ils pas aussi dignes que ceux-là de la reconnaissance publique et n'ont-ils pas fait, dans leur temps, les mêmes efforts que leurs prédécesseurs ou leurs successeurs dans l'intérêt de la station thermale de Vichy?

Et, s'il en est ainsi, pourquoi donc ne pas dénommer la place du Château-d'Eau : « place du Docteur-Bouérot » ; la rue de l'Eglise : « rue du Docteur-Chapus », et la rue Verrier : « rue du Docteur-Tardy » ? Il me semble que personne ne protestera si l'on fait disparaître le nom de ce Château d'Eau, qui n'existe plus depuis 1888, celui de l'Eglise qui n'a plus sa raison d'être depuis qu'il y a plusieurs églises paroissiales à Vichy, et celui, enfin, de Verrier, puisque, déjà, il y a la rue de la Porte-Verrier, qui rappelle suffisamment à tous ceux qui datent un peu, à Vichy, la vieille poterne de ce nom et ses nombreuses... sentinelles.

J'ai connu, dans mon enfance, un vieux prêtre que tout le monde, ici, respectait, aimait et admirait. L'abbé Louis Dupeyrat avait été appelé à la cure de Vichy en novembre 1824 ; il mourut pauvre, mais chevalier de la Légion d'honneur, dans l'ancien presbytère Saint-Blaise, en juillet 1868.

L'abbé Dupeyrat était, pendant les séjours de Napoléon III à Vichy, un familier de la demeure du monarque. Je sais qu'il employa alors tout son crédit exclusivement en faveur de sa ville et des malheureux, s'oubliant toujours assez pour qu'on soit obligé quelquefois de lui rappeler que lui-même avait des besoins. Je suis persuadé qu'il fut pour beaucoup, en 1861, dans la pensée impériale qui décida, alors, de transformer Vichy et de préparer, sa gloire actuelle.

Pourquoi, dans ces conditions, ne pas donner le nom ne cet homme de bien, de ce bon pasteur de peuple, à la rue du Calvaire, par exemple ? Pourquoi, aussi, ne pas appeler la rue du Presbytère : « rue de l'Abbé-Joseph-Maréchal », curé de Vichy de 1678 à 1725, qui, pendant son long apostolat, fut, chez nos pères, de toutes leurs délibérations, de toutes leurs joies, de toutes leurs peines, et qui, aussi, par ses relations d'été et sa haute culture intellectuelle, prépara à la Cour, seul ou à peu près, la signature des Lettres Patentes de 1716 ?

François-Louis-Antoine Sauret de Varennes naquit

à Vichy, le 12 octobre 1761, dans cette grande maison de la rue de la Porte-Saint-Julien où tous les hommes de ma génération ont connu l'ancienne gendarmerie et qui, avec son jardin et ses dépendances, formait tout le pâté d'immeubles compris aujourd'hui entre la rue de Nîmes, cette rue de la Porte-Saint-Julien et l'ancienne maison Intrand de Chillat. Homme de lois et avocat en parlement, Sauret de Varennes s'était, dès les premiers jours de la Révolution, « attaché à son char et en avait embrassé avec enthousiasme les principes égalitaires ». Le jour même où Pierre-Jacques Forestier était nommé procureur-syndic du district de Cusset, il était élu, par les mêmes suffrages, administrateur de ce district. Président de l'administration municipale du canton de Vichy, dès le lendemain de la promulgation de la Constitution de l'an III, il était nommé, après la Constitution de l'an VIII, maire de Vichy. Il mourut, ici, le 16 novembre 1802, après avoir passé et usé sa vie au service de sa ville natale, pour laquelle son dévouement n'avait pas de bornes et qui pouvait tout lui demander, car il ne savait rien lui refuser, tant sa bonté était grande et son âme généreuse.

Un de ses petits-fils, M. Besse, a oublié la grandeur morale de son aïeul et l'intérêt qu'il y avait peut-être pour sa famille à rappeler, aux générations futures, le souvenir du révolutionnaire de la bonne école d'où il était issu. Il préféra laisser appeler la rue qu'il ouvrit à travers la propriété de son grand-père: rue Besse, que de lui donner lui-même le nom historique à Vichy de « rue Sauret-de-Varennes ». Le beau geste que M. Besse n'a pas su faire, c'est au Conseil municipal de Vichy qu'il convient de l'esquisser à sa place. Qu'il fasse donc que ma volonté soit faite, et la « rue Sauret-de-Varennes » tendra bientôt de la rue de Nîmes à la place d'Allier, au lieu et place de la rue Besse actuelle.

Je voudrais, aussi, que la rue du Châlet, qui ne rappelle, aux esprits avertis des à-côtés de l'histoire du second Empire, que le souvenir de Marguerite

Bellanger, s'appela, dans l'avenir: « rue Roze-Beauvais ». M. Hugues Roze Beauvais, architecte de l'Etablissement thermal de Vichy sous la Restauration et le Gouvernement de Juillet, fut le bras droit de l'Inspecteur Auguste Lucas. Vichy lui doit tous les beaux projets d'améliorations et d'embellissements de la station thermale réalisés de 1816 à 1840 environ. Son dévouement personnel pour sa grande œuvre mérite qu'on rappelle, ici, sa mémoire.

Enfin, il reste deux noms de médecins-inspecteurs que l'on a, jusque-là, par trop oubliés dans la glorification de ceux à qui Vichy doit un peu de sa grandeur présente: ce sont les docteurs Rabusson-Durier et Amable Dubois.

Pourquoi, encore, ne pas donner le nom de Rabusson-Durier à la rue du Rocher et, surtout, pourquoi ne pas appeler, dorénavant, la rue Mocquart: « rue du Docteur-Amable-Dubois »? Vous savez certainement, mon cher Maire, ce que c'était que Mocquart et combien il est grotesque et étonnant de voir le nom bien inconnu de ce secrétaire aussi civil que particulier de Louis Bonaparte s'étaler, encore, sur le coin d'une de nos voies publiques. Non pas, mon cher ami, que je veuille, par cette réflexion, manifester en quoi que ce soit mes sentiments républicains et antibonapartistes bien connus. Mon éclectisme en cette matière est assez grand pour que je ne m'effarouche ni ne me fâche de voir, un jour, Vichy rappeler, par une manifestation même permanente, les grands services qui lui furent rendus jadis aussi bien par Madame la duchesse d'Angoulême que par Napoléon III.

Ayez, si vous voulez, l' « avenue Marie-Thérèse » et le « boulevard Napoléon », je n'y vois personnellement aucun inconvénient, mais, de grâce, décrochez-moi Mocquart, qui n'a rien à faire là où il est.

Il me reste, enfin, mon cher Maire, à plaider une dernière cause que je sais gagnée d'avance auprès de vous, mais qui ne l'est peut-être pas autant auprès de votre Conseil municipal : c'est celle de notre bien cher ami commun, le professeur Victor Cornil. J'estime que Vichy doit à la mémoire de ce condisciple, de cet émule de votre frère au Collège de Cusset, de cet illustre savant, de ce grand français, un souvenir qui serait bien placé, par exemple, aux angles de la rue Neuve actuelle.

La « rue Victor-Cornil » voisinerait, ainsi, avec la « rue Alfred-Bulot », et ces deux noms, accolés pour ainsi dire, rappelleraient à beaucoup d'entre nous toute une période de luttes politiques pour l'existence même du régime républicain, période qu'heureusement pour elle la génération actuelle ne connaîtra pas.

Avec mes excuses pour ma longue importunité, contre laquelle vous devez certainement pester, recevez, mon cher Maire, l'assurance de mon affectueux dévouement.

(Le *Progrès de l'Allier* des 2 et 3 mai 1913).

3° **Sur le changement de nom de la rue Cunin-Gridaine**

Beauregard, le 10 juillet 1918.

à Monsieur Armand Bernard,
Maire de Vichy.

Mon Cher Maire,

Permettez-moi de protester dicrètement, mais aussi énergiquement que je puis encore le faire, contre le changement de nom de la *rue Cunin-Gridaine*. C'est vous qui avez présidé à cette exécution inconsciente, je veux l'espérer, d'un passé historique qui ne mérite pas un tel oubli ; c'est donc à vous, mon cher ami, qu'il convient que j'adresse mes respectueuses doléances.

Non pas que je veuille critiquer, en quoi que ce soit, le geste patriotique, *quelque peu prématuré peut-être*, qu'a voulu faire encore le Conseil municipal ; mais, seulement, parce que ce geste pouvait avoir la même ampleur, la même portée et le même résultat s'il eut eu pour effet de débaptiser, par exemple, la *rue de Nîmes*, dont le nom n'intéresse, en rien ni pour rien, l'histoire de Vichy, pour l'appeler *rue du Président-Wilson*. Ainsi, la *rue Cunin-Gridaine* aurait gardé le sien et tout eut été parfait.

Car, mon cher Maire, Laurent Cunin-Gridaine — je l'indique, ici, d'un mot, pour ceux qui l'ignorent, et je crois qu'ils sont nombreux tant dans notre ville qu'au Conseil municipal — appartient à ce passé historique de Vichy dont j'ai évoqué le souvenir au commencement de cette lettre. Albéric Second écrivait, en 1862, trois ans à peine après la mort de ce grand travailleur, de ce grand homme de bien, les lignes suivantes qu'il n'est pas inutile de reproduire, car elles sont peu connues : « Dans notre énumération « des bienfaiteurs de Vichy, il serait injuste d'ou« blier M. Cunin-Gridaine, ministre de l'Agriculture « et du Commerce sous le règne du roi Louis« Philippe Iᵉʳ. L'honorable M. Cunin-Gridaine n'a « pas eu affaire à une population ingrate. La muni« cipalité a donné son nom à la belle rue qui borde « l'un des côtés du Parc. »

Moi-même, j'ai décrit, dans l'*Histoire des Eaux Minérales de Vichy*, l'œuvre importante de Cunin-Gridaine à Vichy et son action puissante, pendant toute la Monarchie de Juillet, en faveur de notre station thermale aux prises, alors, avec les plus grands difficultés qu'elle ait jamais eu à surmonter. Je n'y reviendrai donc pas. Je veux, cependant, vous indiquer que la *rue Cunin-Gridaine* eut à souffrir, une fois déjà, d'une décision — parfaitement consciente celle-ci — semblable à celle prise à son égard, par ceux qui, aujourd'hui, ont la lourde charge d'administrer la ville sous votre présidence.

Au lendemain de la Révolution de 1848, le dernier Conseil municipal élu sous le régime du Cens et unanimement composé, cependant, d'orléanistes convaincus, décida, pour faire sa cour au gouvernement provisoire et essayer, ainsi, d'éviter les révocations prescrites par Ledru-Rollin dans sa circulaire du 12 mars 1848, de donner le nom de *rue des Thermes* à la *rue Cunin-Gridaine*, celle-ci « *rappelant un ordre* « *de choses qui n'existait plus* ». Mais le suffrage universel s'empressa, dès qu'il le put, de réparer cette platitude, ce manque de caractère qui avait fort déplu, ici. Prunelle nommé, à l'unanimité, maire de Vichy, à la suite des élections municipales du 30 juillet 1848, s'empressa, dans la suite, de remettre en honneur le nom de son ancien collègue à la Chambre des députés, qui était resté son ami ; la *rue des Thermes* redevint donc, comme devant, la *rue Cunin-Gridaine*.

Vous ferez, mon cher Maire, tel usage qu'il vous plaira de cette petite « remontrance ». Vous savez que loin d'être un critique passionné de votre administration, j'ai toujours mis à son entière disposition, lorsque vous me l'avez demandé, les quelques connaissances que l'on me prête généralement sur Vichy, son hôpital et ses eaux minérales ; vous ne verrez donc, dans la démarche que je fais auprès de vous, aujourd'hui, que ce qu'il faut réellement y voir, c'est-à-dire le profond désir que votre Conseil municipal répare, au plus tôt, l'injustice qu'il a inconsciemment commise envers la mémoire de Cunin-Gridaine.

Ne croyez pas, cependant, mon cher ami, que je me berce trop du doux espoir que ce Conseil municipal va revenir, grâce à moi, sur sa décision, quoique celle-ci ait été votée sans avoir été préalablement étudiée et discutée. Je ne suis pas, hélas ! né d'hier, et n'ai plus guère d'illusions à cette heure. Je sais, par expérience, et depuis longtemps, déjà, qu'un Vieux-Vichyssois tel que moi ne peut pas être prophète dans sa ville natale.

Croyez-moi quand même, mon cher Maire, votre affectueusement dévoué.

(*Histoire Contemporaine de Vichy de 1789 à 1889*, pages 520 et 521).

LE « SOU PAR BOUTEILLE »

Beauregard, le 27 janvier 1913.

à Monsieur Armand Bernard,
Maire de Vichy.

Mon Cher Maire,

Vous m'avez demandé, avant-hier matin, de **vous** écrire, en toute franchise, mon sentiment **et mon** avis motivé, sur la question du *sou par bouteille*. Je veux bien le faire, quelque danger qu'il y ait pour moi à vous dire sincèrement ce que je pense de cette affaire ; à me prononcer catégoriquement sur ce que je crois être, à l'heure actuelle, l'intérêt général de Vichy.

Il vous faut opter, aujourd'hui, entre les deux seules solutions possibles de la question. Aussi, vous vous demandez, très anxieusement, mon cher ami, s'il ne vaut pas mieux, pour vos pauvres et vos miséreux, continuer, devant une Cour d'appel autre que celle de Riom, le procès qui fut plaidé en décembre 1901 devant le Tribunal Civil de 1re Instance de Cusset, que de poursuivre la réalisation d'une transaction quelconque, réglant d'une façon définitive le différend qui s'est élevé, bien avant votre principat, entre les Hospices de Vichy, l'Etat et son Fermier, à propos de l'application de la redevance, fixée par les Lettres Patentes du 23 mars 1716, aux expéditions d'eaux minérales de la *source des Célestins de 1896* ?

Vous m'avez dit que l'opinion publique, à Vichy, se prononçait très ouvertement pour la continuation

des débats judiciaires commencés il y a plus de douze
ans; vous m'avez dit que vous aviez reçu déjà et
que vous receviez journellement, à ce propos, grand
nombre de lettres de vos électeurs dont les unes
avaient même, à votre égard, certains caractères
comminatoires qui vous effrayaient et, il m'a semblé,
que de telles manifestations avaient suffi à faire
votre siège, c'est-à-dire à vous décider à voter pour
le procès *jusqu'au bout*, et contre toute entente amiable, contre toute idée de transaction.

Ainsi, pensez-vous, la femme de César ne pourra
pas être le moindrement soupçonnée!

En êtes-vous bien sûr, mon cher ami, et ne croyez-
vous pas, au contraire, qu'à Vichy, cette femme de
César, quoi qu'elle fasse et quoi qu'elle dise, verra
toujours sa vertu quelque peu discutée et chiffonnée
par la calomnie; et son auréole de gloire légèrement
pâlir grâce à ce bruit léger « rasant le sol comme
hirondelle avant l'orage » et qui « sème en courant
le trait empoisonné ».

Certes, si, en l'espèce, vous n'avez en vue que
d'abriter contre tout soupçon votre responsabilité
morale; certes, si la tranquillité de votre conscience
et la fierté du devoir accompli ne vous suffisent pas
pour mépriser, comme il le mérite, le bruit de la
ville quel qu'il soit, il vaut mieux, pour vous, que le
procès du *sou par bouteille* se continue, quoi qu'il
puisse en advenir de fâcheux pour les finances de
l'Hôpital. Si, au contraire, vous vous faites de votre
fonction municipale une idée plus haute que cela, si
vous voulez défendre le mieux possible, avant tout,
les intérêts qui vous sont confiés, vous laisserez là
l'opinion publique et ses manifestations, vous étu-
dierez très à fond, et *sans parti pris*, la question fort
importante que vous avez à résoudre, vous en péserez
le pour et le contre, vous en pronostiquerez la solution et vous voterez, ensuite, suivant vos idées,
dussiez-vous, après, être accusé de tous les méfaits
imaginables, dussiez-vous aux prochaines élections, y

perdre — sans regrets, je l'espère pour vous — et votre écharpe de Maire, et votre mandat de Conseiller municipal.

L'opinion publique, à Vichy, est, en ce moment, soyez-en convaincu, comme je l'ai été moi-même pendant fort longtemps : elle ne sait rien ou à peu près rien de la question du *sou par bouteille* et, dans ces conditions, elle a grand tort d'en parler à l'aveuglette.

On vous a dit, certainement, quelle part j'ai prise, autrefois, à l'ardente campagne menée, en 1896, pour décider la Commission administrative des Hospices de Vichy à intenter, à l'Etat, et à son Fermier, le fameux procès qui n'est pas encore terminé à cette heure. Je croyais sincèrement, alors, qu'*en fait*, ce procès ne pouvait pas se perdre ; et, fort peu soucieux du *droit*, je ne négligeais rien, dans ce temps, pour peser, le plus possible, dans la balance en faveur des hostilités. Celles-ci furent engagées, le 29 janvier 1897, par la délibération demandant au Conseil de préfecture l'autorisation, pour la Commission des Hospices de Vichy, d'ester en justice contre l'Etat et la Compagnie fermière à propos du *sou par bouteille* sur les eaux transportées des sources des Célestins.

Plus tard, lorsqu'il fallut, avant et pendant les plaidoiries, documenter davantage, sur certains faits précis, Me Raymond Poincaré, je fus encore non pas à la peine, cette fois, mais à l'honneur, et j'ai gardé, je l'avoue respectueusement, le plus excellent et le plus orgueilleux souvenir de ma bien modeste collaboration avec l'éminent avocat des Hospices de Vichy, pendant les soirées des 18 et 19 décembre 1901, dans un des petits salons de l'hôtel de la Grande-Bretagne.

Je ne savais pas bien, à cette époque, ce que c'était, au juste, que la *chose jugée*. Et, je me rappelle que mon étonnement fut grand lorsqu'après l'exposé des faits que je lui dénonçais et dont je lui donnais la preuve historique ou mathématique, je trouvais Me Poincaré pas du tout emballé, assez pessimiste quand même, et me répétant toujours : « *Oui, tout cela est bien, mais il y a la question de droit, il y a la question de la chose jugée.* »

Je ne pensais pas, alors, que quoi que ce soit put tenir devant *le fait* précis et patent qui me semblait dominer toute la situation, et je ne pouvais pas admettre que tout devait s'incliner devant le *res judicata pro veritate habetur* des Romains. J'étais, il me semble bien, absolument dans la même situation mentale que celle qui dirige maintenant l'opinion publique de Vichy, cette opinion publique que vous redoutez tant et dont vous me semblez avoir grand peur.

J'ai eu, depuis 1901, l'occasion de voir et d'étudier très à fond toute cette question du *sou par bouteille*, et je vous avoue qu'après la publication que je fis, en 1904, pour le compte des Hospices, du *Compte-rendu sténographique des débats judiciaires du procès de ce sou par bouteille devant le Tribunal Civil de Cusset,* qu'après, surtout, avoir compulsé entièrement, non seulement les dossiers de maîtres Poincaré et Robert, mais encore ceux de tous les avocats de l'Etat et de la Compagnie Fermière, je perdis, avant l'arrêt de Riom, quelques-unes de mes illusions et aussi ma belle assurance d'antan.

Depuis, les faits passés et présents m'ont confirmé davantage encore dans cette idée que la Commission administrative des Hospices de Vichy, si elle plaide de nouveau et n'importe où, verra toujours se dresser devant sa revendication « *la chose jugée* », et, ainsi, elle succombera plus encore maintenant qu'en 1903, et cela quoi qu'elle fasse, quoi qu'elle dise, quel que soit le merveilleux talent qu'elle pourra opposer aux avocats de ses adversaires.

Et, oui, je m'en souviens bien, c'était le principe de la redevance sur *toutes* les sources appartenant à l'Etat, jaillissant ou devant jaillir sur le territoire de la commune de Vichy, que la Commission administrative des Hospices de Vichy voulait faire admettre par le Tribunal de Cusset d'abord, par la Cour d'Appel de Riom ensuite, là, en 1876, ici, en 1878. Et, oui, je me souviens encore des louables espoirs d'un vieil ami de ma famille, M. Théodore Forissier, alors Ordonnateur des Hospices, lorsqu'il supputait les bénéfices considérables pour les pauvres qu'il espérait tirer du gain d'un procès qui était un peu son œuvre, *dont il avait voulu généraliser la portée pour qu'il n'y ait plus à y revenir*, et dont, aussi, il se faisait gloire.

Et, c'est cela la « *chose jugée* » ; c'est la perte du procès de 1876 et de 1878 qui, aujourd'hui, permet à l'Etat d'opposer cette « chose jugée » aux *justes* revendications, si l'on veut, des Hospices de Vichy. Et, partout où l'on plaidera sur cette même question, l'on peut être sûr que l'on se butera à la même fin de non recevoir, que l'on obtiendra le même résultat qu'à Cusset en 1901 et qu'à Riom en 1903.

Je sais bien, mon cher Maire, que vous m'objectez qu'il y a, paraît-il, *un fait nouveau*, un fait qu'on aurait découvert, m'a-t-on dit, dans le premier volume de l'*Histoire des Eaux Minérales de Vichy* que j'ai publié en collaboration avec notre bon et excellent ami commun Jean Cornillon. Je vous avoue que je ne comprends pas ce qu'en matière civile on appelle un *fait nouveau*, et quelle peut être l'importance, dans un procès civil, de ce *fait nouveau!* Oui, au criminel, on peut obtenir la révision d'un procès lorsqu'il s'est produit, après le jugement, un *fait nouveau* qui permet d'établir que ce jugement est critiquable sur certains points ; non, pareille chose n'est possible au civil. Quand, en matière civile, il y a « chose jugée », c'est fini et bien fini pour la même cause, entre les mêmes parties et pour le même objet.

Ce n'est donc pas à une révision du procès en cours que vous pouvez tendre avec votre *fait nouveau*, mais c'est seulement à de nouvelles conclusions que vous pouvez en venir devant la Cour qui est désignée pour connaître, maintenant, de l'affaire, au lieu et place de celle de Riom.

La Commission des Hospices de Vichy sera, du reste, bien obligée d'en arriver là, mon cher ami, si elle plaide encore dans l'avenir, car ses conclusions précédentes ne tiennent plus et n'ont plus leur raison d'être. En effet, en 1901, ces Hospices mettaient surtout et seulement en cause la *source des Célestins de 1896*, et c'étaient les expéditions d'eaux minérales de cette source, *captée dans un terrain ou dans un rocher faisant partie des biens de la Couronne en 1716*, qu'ils demandaient à frapper du droit d'un sol par deux chopines transportées hors du lieu de Vichy.

Mais, mon cher Maire, si vous m'avez fait l'honneur de lire mon *Histoire des Eaux Minérales de Vichy*, vous devez savoir que cette source de 1896, si elle existe encore, n'est plus exploitée depuis 1907, et que ce sont les seules eaux puisées aux trois griffons captés au-dessous du rocher des Célestins, dans les marnes tertiaires, qui sont embouteillées et expédiées en France et hors de France à des millions d'exemplaires.

C'est là, dites-vous, l'heureux *fait nouveau* dont on a, paraît-il, fort parlé ? Oh ! alors, si vous n'avez que cela, je vous plains de tout mon cœur, car ce *fait nouveau* va justement et complètement à l'encontre des prétentions de ceux qui espéraient, grâce à lui, gagner le procès du *sou par bouteille* et faire ainsi tomber, chaque année, plus d'un million de francs dans l'escarcelle, fort intéressante, il est vrai, de l'Hôpital de Vichy.

Ecoutez, je m'explique :

Pour se défendre contre la *chose jugée* de son confrère, Mᵉ Barboux, Mᵉ Raymond Poincaré plaida fort justement qu'en 1876 les Hospices de Vichy n'avaient revendiqué la redevance du *sou par bouteille* que sur l'eau transportée de sources captées en *dehors du terrain domanial de 1716*. Telles étaient, en effet, les situations de la source du Parc et des sources des Célestins, de la Grotte et de 1870, qui étaient, il y a 36 ans, plus particulièrement en cause. M⁰ Raymond Poincaré admettait parfaitement, je m'en souviens bien, que pour de telles sources on pouvait opposer, très justement, la *chose jugée*. Mais, disait-il, il n'en est pas ainsi pour la *source des Célestins de 1896*. Celle-ci vient bien de chez vous, Etat, vous ne pouvez le contester, car le rocher au travers duquel elle s'écoule était à vous *en 1716*, et la poche de ce rocher d'où elle jaillit vous appartenait lorsque le roy signait les Lettres Patentes du 23 mars de cette même année 1716. Donc, pour celle-là, pour cette *source des Célestins de 1896*, née chez vous et non pas née, comme celle de la Grotte ou celle de 1870, dans un terrain que vous avez acquis ou reçu depuis, il n'y a point de doute possible, il ne peut y avoir *chose jugée*.

Vous comprenez bien, n'est-ce pas, mon cher Maire, toute la puissance de l'argumentation, toute la subtilité du raisonnement. Eh bien, hélas! trois fois hélas! les trois sources des Célestins exploitées à cette heure — car vous ne pouvez plus rien réclamer sur celle de 1896 dont on n'embouteille pas une seule goutte d'eau — sont toutes les trois captées, comme celle de 1870, comme celle de la Grotte, dans le soussol d'un terrain qui n'appartenait pas au Roy en 1716, mais que l'Etat a acquis seulement depuis le milieu du XIX⁰ siècle.

Donc, d'après M⁰ Poincaré lui-même, qui parlait au nom des Hospices de Vichy, la question de la *chose jugée* est, d'ores et déjà, résolue pour elles. Lisez l'histoire des sources des Célestins dans mon livre où j'ai donné des chiffres absolument exacts, ou, si vous n'avez pas entièrement confiance en moi, prenez ces chiffres dans la communication faite par M. Hanriot à l'Académie de Médecine, dans la séance du 10 novembre 1908; calculez vous-même les distances et vous verrez que le *fait nouveau* qui devait tout sauver, perd tout, au contraire.

Il faut donc, maintenant, si la Commission administrative des Hospices de Vichy a souci du bien des pauvres, qu'elle se garde bien de pousser plus loin un procès qui ne peut avoir qu'une issue fatale pour elle et son budget.

Je ne pense pas, mon cher Maire, avoir besoin d'ajouter un seul mot à ces explications, que j'ai voulues aussi longues qu'il a fallu, aussi longues que possible, pour que vous soyiez bien convaincu que je suis tout à fait et absolument opposé à la reprise du procès du *sou par bouteille* devant la nouvelle Cour d'Appel qu'a dû désigner la Cour de Cassation. Je suis persuadé que ce procès est perdu d'avance, car plus qu'avant, aujourd'hui, les Hospices vont se buter à la *chose jugée* en étant obligés d'abandonner leur revendication sur les eaux de la source des Célestins de 1896, captée dans une propriété qui était déjà domaniale en 1716, pour la reporter sur les nouvelles sources de 1905 et 1906 qui, elles, sont complètement captées dans un terrain qui appartenait, en 1716, aux *Pères Célestins*, et non pas à ce « bon Roy » Louis XV « le bien aimé », non pas à la Couronne, non pas à l'Etat. Et, ce qui m'effraie plus encore, c'est que le procès définitivement perdu par les Hospices, il n'y aurait plus possibilité de s'entendre à *l'amiable* avec l'Etat, qui, fort de son droit, refuserait complètement alors de laisser aggraver la servitude qui frappe sa propriété de Vichy.

Il ne vous reste donc, mon cher ami, pour en finir avec cette affaire, qu'on a eu le tort de ne pas solutionner, en 1898, lors du renouvellement du bail de la Compagnie Fermière de l'Etablissement Thermal de Vichy, qu'à transiger avec l'Etat.

Mais, est-ce possible encore? Et l'Etat voudra-t-il, s'il connaît très exactement l'excellence de sa situation actuelle vis-à-vis de l'Hôpital de Vichy, entrer en pourparlers avec sa Commission administrative?

Vous m'avez affirmé que cela se pouvait facilement et vous m'avez même parlé d'un minimum de *quarante mille francs* que les Hospices gagneraient, chaque année, si l'on transigeait aux conditions stipulées dans des pourparlers en cours, dont j'ignore totalement la base. Je vous avoue, mon cher ami, que si vous pouviez obtenir ce beau résultat, ce serait magnifique et très heureux pour les pauvres de Vichy. A votre place, je n'hésiterais pas un seul instant, surtout si je pouvais, grâce à cette transaction, éponger tout le passé et assurer, pour l'avenir, la vie de l'Hôpital civil.

Je n'ai pour vous qu'une crainte, je vous l'avoue sincèrement, c'est que le Parlement devant lequel il faudra bien, finalement, que votre transaction soit portée, si vous parvenez à décider le gouvernement à la signer, ne veuille rien savoir, ne veuille pas l'accepter parce qu'onéreuse pour la France.

Je sais bien, moi, qui ai la prétention de connaître très à fond la question, que si j'étais député ou sénateur d'un département autre que celui de l'Allier, jamais je ne voterais un projet de transaction pareil, jamais je ne consentirais, dans les circonstances présentes, à aggraver la servitude qui pèse, déjà lourdement, sur certaines sources minérales de Vichy, à moins, toutefois, que je n'y trouve une compensation quelconque pour mes commettants.

Cette compensation, la Commission administrative des Hospices de Vichy peut, pour aboutir, l'offrir, je pense, sans grands efforts, à la France tout entière, en dispensant tous les *malades buveurs d'eau* d'un prix de journée qui gêne, parfois, terriblement certaines communes pauvres.

C'est là, croyez-moi, mon cher ami, ce qu'il faut faire, c'est là ce que, moi, je ferais sûrement, malgré *l'opinion publique,* si j'étais, à cette heure, maire de Vichy ou simplement membre de la Commission administrative des Hospices.

Croyez-moi, mon cher Maire, votre bien cordialement dévoué.

(*Inédit*).

JE NE VOUDRAIS PLUS L'ÊTRE !

Je suis, depuis quelques années déjà, continuellement obsédé par une idée fixe qui me tenaille le
cerveau, trouble mon sommeil et rend mes digestions
difficiles : « *Je ne voudrais plus être officier d'Académie !* »

Cet accident m'est arrivé dans ma toute prime
jeunesse, alors que j'avais encore des cheveux, que
j'étais l'ami d'un grand homme, et que M. Fallières
présidait, déjà, aux destinées du ministère de l'Instruction Publique.

Je savais lire, écrire et compter, car, dans ce
temps-là, on exigeait au moins cela pour être palmé.
Je le fus donc, comme quelques années avant j'avais
été baptisé, sans que je m'en aperçoive, sans que je
m'en doute. Mon nom parut à l'*Officiel,* un soir de
quatorze juillet qu'il faisait très chaud et très lourd ;
ce fut tout.

J'étais, dès lors, et sans autre forme de procès,
voué, pour ma vie entière, au violet universitaire ;
j'étais catalogué à mon rang d'ordre, dans le *grand
livre* des décorés du 110 de la rue de Grenelle, parmi
les millions de Français et de Françaises — les
palmes académiques ne respectent même pas le sexe
auquel nous devons nos mères ! — qui ne peuvent
plus, aujourd'hui, mettre sur leur bristol, au-dessous
de leurs noms : « *qui n'est pas officier d'Académie* ».

Les premiers temps, je trouvais la chose assez
plaisante. J'avais, alors, les illusions faciles et je ne
pensais pas que j'en viendrais, un jour, à supplier
qu'on me fasse la grâce de me rendre à mon indignité
première, afin que je puisse signer mes articles de
l'*Aurore:* « J. CIMOURDAIN, *qui n'est plus officier
d'Académie* ».

Mais, voilà, comment faire pour en arriver là? Quel est le *Jupiter* de notre olympe républicain qui va exaucer ma prière? Que faire si cette divinité, assez puissante pour s'offrir le luxe, sans raisons connues, de faire *Jovis* au génitif, reste sourde à ma voix? Comment l'obliger à m'entendre?

Donner ma démission? Il paraît, hélas! qu'on ne peut pas plus se débarrasser, par ce moyen-là, de ce ruban de Nessus, que du titre de bachelier ès-sciences. On démissionne d'une fonction; on ne démissionne pas d'un honneur. Alors, que faire? Que faire?

Ah! si j'avais seulement assassiné deux ou trois vieilles femmes, ou violé quelques fillettes assez jeunes pour pouvoir l'être encore — on me dit que l'homosexualité serait absolument insuffisante, le cas s'étant déjà présenté — je pourrais, alors, paraît-il, assez facilement être rayé des listes de contrôle de ce corps d'*officiers* sans armes, qui sont d'*Académie* tout comme je suis de *Pampelune*. Une bonne petite condamnation à mort me permettrait, m'assure-t-on, d'être à la fois et *gracié* et *dépalmé* par ce même Fallières dont je fus l'oint, autrefois.

N'être plus *officier d'Académie!* Certes, ce serait là une jouissance bien douce et bien agréable; mais, vraiment, ne serait-ce pas, aussi, payer un peu cher une satisfaction toute morale quel que soit son prix pour moi? Et puis, il faudrait aussi pouvoir. J'ai la vue du sang, d'où qu'il vienne, tellement en horreur, tellement en dégoût, qu'à la chasse je manque, pour l'éviter, tout ce que je tire, que ce soit plumes ou poils. Je ne puis donc guère compter sur l'assassinat pour me délivrer des griffes violettes de M. Gaston Doumergue, car je raterais certainement mon coup, tellement j'ai, devant la mort, la syncope facile.

Reste le viol. Mais, hélas! de ce moyen-là il faut que je fasse mon deuil; il y a belle lurette, en effet, que je suis comme Laurent XVII. Et alors, je le redemande à tous les échos, que faire? Que faire pour m'évader de la distinction qui me tient et ne veut pas me lâcher et où je suis, je le reconnais humblement, en très nombreuse et très mauvaise compagnie, avec des membres de l'Institut et du corps national de ballet, avec quelques concierges et des demi-mondaines, avec beaucoup d'illettrés et pas mal de rastas, avec, enfin, un petit nombre seulement, ce qui est une compensation, d'honnêtes gens, d'instituteurs et de professeurs de l'enseignement public ou privé.

Baptisé! je l'ai été comme à peu près tout le monde en France, huit jours après ma naissance, alors, vraisemblablement, que pareille opération m'était tout à fait indifférente. Ce n'est pas l'eau du Jourdain qui « a coulé sur mon front naissant », mais seulement de la vulgaire eau de Vichy, assaisonnée de quelques grains de gros sel de cuisine, préalablement dénaturé pour éviter l'impôt.

Eh bien, de tout cela, du beau titre de chrétien que j'ai ainsi acquis un peu malgré moi puisque, paraît-il, je n'ai fait qu'un cri pendant le temps que le Saint-Esprit a mis à descendre dans ma chétive personne, je puis faire fi, je puis me dépouiller sans, au préalable, être obligé de me faire condamner à mort ou, pour le moins, aux travaux forcés à perpétuité. Il m'est facile, en effet, de m'évader, si je le veux, de cette sainte mère l'Eglise catholique, apostolique et romaine, et d'être rayé, par elle-même, du nombre de ses élus. Il me suffit, pour cela, d'étaler mon matérialisme bien connu et dont je ne fais pas mystère, dans un livre qu'on lira ou qu'on ne lira pas, pour que la sacrée congrégation de l'Index, à qui j'aurai pris soin de le dénoncer moi-même, déclare que j'ai encouru l'excommunication majeure et me chasse à tout jamais du giron de sa sacrée boutique. Si même je ne veux pas en venir à cette extrémité coûteuse — on n'imprime pas pour rien aujourd'hui la moindre brochure — je puis, ou me faire circoncir, ce qui serait, à mon âge, certainement fort désagréable, ou protester avec Luther et Calvin, ce qui serait moins hygiénique peut-être, mais aussi moins douloureux. Israélite ou Réformé, je deviens, du coup, schismatique et, alors, c'est comme si je n'avais jamais été baptisé ! Le bon Dieu me raye de la liste de ses futurs heureux ; je ne compte plus pour lui ; il me fiche la paix ; je ne suis plus *officier* de son *Académie*.

Mais, pour l'autre, pour notre Académie terrestre, ce n'est pas aussi facile de ne plus en être. J'aurai beau, dans notre vallée de larmes où je voudrais pleurer le plus longtemps possible, devenir le réactionnaire le plus enragé qu'on puisse imaginer ; j'aurai beau attaquer, chaque jour, avec violence, « les institutions que la France s'est librement donnée » ; j'aurai beau écrire, dans les gazettes schismatiques, que M. Fallières est la dernière des fripouilles, que le grand chancelier de l'ordre violet fait partie de cette bande d'apaches et de souteneurs qui compose le ministère Clemenceau ; j'aurai beau crier, par dessus les toits, que je crois à l'existence de l'*homme tertiaire*, je n'arriverai pas à ne plus être officier d'Académie. Au contraire, je risquerai ainsi de me voir élever en grade dans ce bataillon « des ridicules de l'époque » ; d'où je conclus que, lorsqu'on tient à la liberté de sa boutonnière, il vaut mieux être chrétien et catholique que bachelier ou officier d'Académie ; qu'il vaut mieux être l'*oint* du Seigneur que le *palmé* de M. Fallières, de M. Doumergue ou d'un autre.

Il m'est arrivé de faillir, un jour, être chevalier du mérite agricole. Le ministre qui, alors, cultivait le légume national avait décidé de me marquer de son vert nature, en même temps qu'il décorerait un agriculteur à mon service. C'était une agréable surprise — oh ! combien — qu'il me ménageait. Heureusement qu'en ce temps-là, la coutume voulait qu'avant tout, pour ces sortes de choses, le délégué de l'administration se prononçât sur le civisme politique du futur opéré. Un aimable homme, à qui on avait demandé sur moi les renseignements d'usage, eut la bonne **idée de** me féliciter avant la lettre. Je compris ce qui me menaçait et je fis prévenir immédiatement le dispensateur de ce produit agricole gouvernemental qui jamais ne gèle ni ne grêle, que j'étais déjà, hélas! officier d'académie; que cela suffisait grandement à mon malheur et que s'il voulait ne pas s'exposer, de ma part, à un esclandre public, il eut à garder, pour un autre, plus passif que moi, le ruban et la médaille qu'il me destinait. Je pus, ainsi, éviter le poireau.

Ah! si j'avais su, jadis, au beau temps de M. Fallières, sur quelle galère je m'embarquais!... Mais, c'est toujours la même chose: « Si jeunesse savait, si vieillesse pouvait ». Jeune, je n'ai pas su éviter l'écueil; vieux, je ne puis plus sortir des récifs universitaires sur lesquels, depuis longtemps, je suis venu m'échouer.

Allons! Allons! M. Doumergue; un bon mouvement, je vous en prie. Faites pour moi, ce qu'on n'a peut-être encore jamais fait pour personne; faites que mon cerveau soit tranquille, que mes nuits soient meilleures, que mes digestions soient faciles; *faites que je ne sois plus officier d'Académie.*

J. CIMOURDAIN.

(*L'Aurore* du jeudi 10 septembre 1908).

LE LABORATOIRE DE CHIMIE ET DE BACTÉRIOLOGIE DES HOSPICES CIVILS DE VICHY

Vichy, le 15 janvier 1295.

à M. Léger,
administrateur des Hospices civils
de Vichy.

Monsieur l'Administrateur et cher Confrère,

Du 1er janvier 1924 au 31 décembre de la même année, le laboratoire des Hospices civils de Vichy a fourni, aux différents services de ces Hospices, trois cent cinquante trois résultats d'analyses chimiques ou biologiques et de recherches d'examens bactériologiques.

Ces trois cent cinquante trois résultats portent sur :

Analyses d'urine	265
Dosage de l'urée dans le sang	5
Recherche du bacille de Koch	23
Recherche du bacille de Löffler	7
Réaction de Bordet-Wassermann	31
Sero-diagnostic de Widal	6
Recherches de gonocoques	7
Dosage du sucre dans le sang	2
Examen de liquide pleural	2
Examen de liquide céphalo-rachidien	2
Examen de pus	2
Examen d'un produit intestinal	1
Total	353

Je note, de suite, qu'aux prix pratiqués à ce jour par les différents laboratoires de Vichy, ces diverses opérations auraient coûtées, s'il avait fallu les payer, *huit mille sept cent soixante francs*, ce qui est déjà une somme relativement considérable.

J'ai pu faire ou faire faire tout ce travail avec, toujours, quelques moyens de fortune. C'est ainsi que lorsque le service du laboratoire a été rendu à la pharmacie, entre autres choses indispensables qui n'y existaient pas, se trouvait une étuve à dessécher les précipités ou à pratiquer des évaporations à des degrés thermométriques précis. Sachant qu'à cette époque l'administration hospitalière traversait une période assez dure pour sa trésorerie, je n'ai pas voulu lui demander, alors, de faire l'acquisition de toute l'instrumentation qui me manquait. Je me suis donc contenté d'une petite étuve à eau de Cogit, appartenant aux héritiers de M. le docteur Maire, que voulut bien me prêter, contre un reçu de ma part, sœur Marthe. C'est cette étuve qui, malgré son insuffisance absolue, me sert encore. Mais, il va falloir la rendre à qui elle appartient, car, par le service que je lui impose et qui, cependant, ne peut satisfaire aux besoins du laboratoire, elle s'use et perd chaque jour de sa valeur, ce qui n'est pas, je suppose, pour plaire à qui elle appartient.

Je vous prie donc, Monsieur l'Administrateur et cher Confrère, de demander, en mon nom, à la Commission administrative des Hospices civils de Vichy de vous autoriser à faire l'acquisition pour le laboratoire :

1° D'une étuve de Wiesnegg à air sec, grand modèle, n° 8434 du catalogue de R. Lequeux, 64, rue Gay-Lussac, Paris ;

2° D'un régulateur de température, n° 8441 du même catalogue ;

3° D'un thermomètre de — 10 à + 250, zéro invariable, n° 6795, page 36 du catalogue ;

4° D'un bain de sable n° 7035, page 126 du catalogue ;

5° De trois brûleurs Bunsen, n° 6046 et 6048, page 11 du catalogue.

Je voudrais, aussi, que l'administration fasse relier, par un fil téléphonique, le laboratoire à la pharmacie.

Ces deux parties de mon service sont assez éloignées l'une de l'autre et, étant donné le peu de personnel dont je dispose, il faut nécessairement que j'aie la facilité de pouvoir dispenser ce personnel de courses à travers l'hôpital, qui peuvent facilement être remplacées par de faciles communications téléphoniques.

La pharmacie, qui répond toujours immédiatement à toutes les exigences des services médicaux, ne formule, pour cette année, que deux réclamations qui me paraissent excessivement justes : 1° il importe que la lumière électrique, qui existe partout ailleurs, éclaire également le magasin qui sert de réserve aux médicaments, et 2° il serait nécessaire que le chauffage central fonctionne dans tous les bâtiments affectés à la pharmacie, et, cela, pour une raison d'économie d'abord et, ensuite, pour éviter la main-d'œuvre que nécessite le chauffage spécial par calorifère qui y existe.

Je vous demande, instamment, Monsieur l'Administrateur et cher Confrère, d'appuyer de toute votre autorité mes revendications, car il importe de bien constater que, si le double service auquel je préside peut être à la hauteur de sa mission avec le personnel excessivement réduit dont je dispose, cela tient uniquement aux dévouements absolus de sœur Joséphine et de sœur Françoise, qui ne ménagent ni leur peine, ni leur savoir, pour que tout aille bien, et auxquelles il importe qu'on donne toutes les facilités possibles pour leur éviter tout surcroît de travail, tout emploi d'une main-d'œuvre inutile.

Veuillez agréer, Monsieur l'Administrateur et cher Confrère, l'assurance de mes sentiments les plus affectueux.

(Inédit).

LES HYDROPATHES ONT RÉCLAMÉ !

J'ai reçu, en son temps, la lettre officielle suivante:

Vichy, le 9 mai 1925.

Monsieur MALLAT,
Pharmacien en chef des Hospices
de Vichy,

La Société des Médecins du Service thermal des Hospices a soumis à la Commission administrative divers desiderata, notamment en ce qui concerne les opérations du laboratoire.

Pour nous permettre de répondre à la demande concernant le laboratoire, j'ai l'honneur de vous prier de bien vouloir me faire savoir si vous seriez disposé à exécuter, pour le service thermal comme pour les autres services des Hospices, lorsque les médecins le reconnaîtront nécessaire, toutes les recherches énumérées sur les imprimés du laboratoire dont vous avez donné le modèle.

Veuillez agréer, Monsieur le pharmacien en chef, l'assurance de ma considération distinguée.

Le Président
de la Commission administrative,

L. LASTEYRAS.

A cette lettre, que je publie avec l'autorisation de qui elle émane, j'ai répondu comme suit:

Hôtel-Dieu, le 15 mai 1925.

à Monsieur le Maire,
président de la Commission administrative
des Hospices civils de Vichy.

Monsieur le Président,

Etant donné la tendance d'esprit, à mon égard, de certains médecins des services temporaires des buveurs d'eau admis à l'Hôpital civil de Vichy, il ne m'est pas possible de prendre l'engagement d'exécuter, pour ces services, « toutes les recherches et dosages énumérés sur les imprimés du laboratoire », *imprimés qui ont été établis seulement pour les services permanents de cet Hôpital civil.*

Vous savez certainement, comme moi, Monsieur le Président, que c'est à la suite de la défense que j'ai prise, dans la presse républicaine, des intérêts des pauvres contre ces médecins des services des buveurs d'eau qui réclamaient, à l'administration hospitalière, un traitement auquel ils n'ont aucun droit, qu'a eu lieu la levée de boucliers de leur société contre le laboratoire. Je m'empresse de vous dire que cette levée de boucliers, qui me visait personnellement, ne m'a nullement ému; je suis, en effet, par mon âge, par mes titres scientifiques et par ma qualité, trop au-dessus de telles mesquineries pour que j'aie même la pensée de m'y arrêter un seul instant.

Je vous rappelle, Monsieur le Président, que lorsque j'ai pris le service de la pharmacie de l'Hôpital civil de Vichy, j'avais, comme personnel spécialement attaché à ce seul service: deux sœurs valides et *deux* servantes âgées de plus de vingt ans, c'est-à-dire en pleine force et en pleine activité. Aujourd'hui que j'ai accepté d'assurer, en plus de celui de la pharmacie, le service du laboratoire, je n'ai à ma disposition, pour tout faire, que deux sœurs valides et une *seule* servante presque infirme. Une orpheline de quinze ans vient, chaque jour, de 1 heure à 5 heures, aider au nettoyage du laboratoire, mais ne peut m'être d'aucun secours autre que celui qu'elle m'apporte, moyennant une modique allocation annuelle que lui sert, pour cela, le budget des Hospices.

Malgré cette situation difficile, j'ai fait de mon mieux pour mener à bien la double tâche que j'ai acceptée. J'ai pu y parvenir grâce au dévouement sans borne de sœur Françoise qui, prise le matin par la pharmacie, passe avec moi toutes ses après-midi au laboratoire où, l'été surtout, elle travaille plus qu'elle ne peut.

Et puisque, Monsieur le Président, j'ai incidemment l'occasion de vous entretenir des travaux qui sortent de ce laboratoire, laissez-moi avoir l'orgueil de vous affirmer que tous les résultats qu'il fournit, sous ma signature, aux services médicaux et chirurgicaux des Hospices civils de Vichy, proviennent toujours d'opérations chimiques, biologiques ou bactériologiques consciencieusement exécutées. On ne *dose* plus, maintenant, à l'Hôpital civil, comme on le faisait couramment avant moi, l'azote de l'urée; on n'y donne plus, comme avant moi, des chiffres empiriques; je n'y tolère, personnellement, aucun *à peu près*. J'appartiens à une école qui a toujours refusée de s'adonner à la malhonnêteté scientifique pour favoriser l'industrialisme médical quel qu'il soit; et ce n'est pas à la fin de ma carrière professionnelle que je changerai ma façon de faire après, surtout, le couronnement de cette carrière par mon élection à l'Académie de Médecine.

Or, Monsieur le Président, quand le directeur du laboratoire des Hospices civils de Vichy donnait à Messieurs les médecins des services temporaires des buveurs d'eau des chiffres écrits au hasard et qui n'étaient le résultat d'aucune opération chimique, biologique ou bactériologique, des chiffres *faux* par conséquent, ces médecins, ne se doutant même pas de cette supercherie, s'en contentaient fort bien et ne réclamaient jamais contre ce manque de conscience de celui dont ils attendaient la lumière. Ils guérissaient leurs malades tout aussi bien, sinon mieux, qu'aujourd'hui, alors, je l'affirme de nouveau, qu'ils sont autrement documentés.

Cela, Monsieur le Président, ne prouve-t-il pas qu'il ne faut pas exagérer l'importance du laboratoire pour les services médicaux des buveurs d'eau à l'Hôpital civil de Vichy? Cela ne prouve-t-il pas que, sans la *chimiatrie*, que sans laboratoire, ces géants du passé qui se sont appelés Lucas, Prunelle, Petit, Alquié, Dubois, Durand-Fardel, Willemin, Cyr et Cornillon ont pu aisément, dans ces salles de buveurs d'eau de l'Hôpital civil de Vichy, aisément établir, sur des bases solides, la réputation mondiale des eaux minérales de Vichy? Cela ne prouve-t-il pas que la clinique, que la vieille clinique française ne le cède en rien aux méthodes nouvelles? Cela ne prouve-t-il pas, enfin, que dans les hôpitaux, tout au moins, on devrait demander beaucoup plus à cette clinique qu'aux résultats, trop souvent incertains, des chimistes, des biologistes, des bactériologistes, des radiographes, de tous ces praticiens qui, de plus en plus, absorbent le médecin, au point qu'on peut s'attendre à voir disparaître celui-ci d'un jour à l'autre, le laboratoire devenant seul, alors, le maître absolu de la santé humaine?

Je ne pense pas, cependant, malgré ces considérations générales et l'opinion que je professe sur la quasi-inutilité du laboratoire pour les services des buveurs d'eau à l'Hôpital civil de Vichy, qu'il faille refuser à ces services — malgré qu'on ne les leur doit pas — les satisfactions que leurs chefs peuvent trouver à user modérément des lumières bien modestes que peut leur fournir le laboratoire des Hospices civils de Vichy. Mais j'estime qu'il faut limiter les demandes de ces chefs de service aux possibilités journalières du service de la pharmacie.

Je crois, en effet, qu'on peut très bien donner satisfaction à tout le monde, en y mettant chacun du sien, sans augmentation du personnel dont je dispose, augmentation qui serait fort coûteuse si l'on voulait se laisser aller à satisfaire toutes les fantaisies extraordinaires de certains médecins des services des buveurs d'eau.

Au reste, le laboratoire Salignat a, jusqu'ici, largement répondu aux appels raisonnables de ces médecins. Je note, pour mémoire, qu'en 1924, ils ont à leur avoir environ le *tiers* de toutes les analyses et recherches qui ont été faites pour tous les services des Hospices civils de Vichy.

Après avoir bien réfléchi et examiné les possibilités actuelles, voici, je crois, ce que l'administration hospitalière de Vichy pourrait promettre et accorder aux services temporaires des buveurs d'eau; voici ce que je pourrais m'engager à faire pour ces services temporaires :

1° Il serait, en principe, convenu qu'en aucun cas, ces services demanderaient au laboratoire de faire, pour eux, les recherches cliniques qui, dans tous les hôpitaux du monde, se font, par le praticien lui-même au lit de son malade. J'entends par recherches cliniques, celles du sucre et de l'albumine dans les urines; celles du volume en 24 heures et de la réaction de ces urines, etc., etc. Le laboratoire peut fournir, à chaque service, l'instrumentation et les réactifs nécessaires pour ces recherches cliniques, dont il devra être débarrassé à tout jamais, hormis dans des cas doûteux où l'on pourra, exceptionnellement, faire appel à sa compétence particulière.

2° Les services des buveurs d'eau ne devront jamais demander au laboratoire, de faire une *analyse complète d'urine*, cette expression, *analyse complète*, n'ayant aucune signification pratique, car une analyse qui est *complète* pour tel expérimentateur peut toujours être *incomplète* pour tel autre.

3° Les services des buveurs d'eau pourront demander au laboratoire, jusqu'à concurrence de *deux* par malade, les dosages ou les recherches dans les urines des éléments normaux ou anormaux suivants : urée, acide urique et bases puriques, phosphates, chlorures, ammoniaque, indoxyle urinaire (recherche), urobiline (réaction de Grimbert), glycose avec réaction de Gerhardt, acétone (réaction de Mallat), albumine, acides biliaires (réaction de Hay), pigments biliaires (réaction de Grimbert), hémoglobine (recherche) ; examen microscopique.

4° Les services des buveurs d'eau pourront demander au laboratoire, après entente préalable avec le personnel de ce laboratoire, des dosages d'urée dans le sang ; des dosages de glycose dans le sang (glycémie) ; des réactions de Bordet-Wassermann ; des dosages de l'acidité du suc gastrique et les éléments nécessaires aux calculs, *par eux-mêmes*, de la constante d'Ambard.

5° Il devra être recommandé par l'administration hospitalière, aux services temporaires des buveurs d'eau, d'être les plus réservés possible dans les appels qu'ils feront au concours du laboratoire, celui-ci ne pouvant assurer son service que si l'on ne cherche pas, dans un but souvent inavouable, à l'embouteiller pour lui rendre son travail impossible.

Il reste toujours entendu, Monsieur le Président, que si Messieurs les médecins des services temporaires de buveurs d'eau veulent faire, eux-mêmes, des recherches scientifiques pour aider, par la publication de leurs travaux, à développer plus encore la réputation des eaux minérales de Vichy, le laboratoire leur est ouvert tous les jours, dimanches et fêtes exceptés, de 2 heures à 5 heures du soir. On y mettra à leur disposition tout ce qu'il possède, et ils pourront y travailler tout à leur aise.

Je dois ajouter, Monsieur le Président, que l'engagement que je prends, par cette réponse à votre lettre du 9 mai 1925, est naturellement subordonné au vote, par la Commission administrative des Hospices civils de Vichy, de l'acquisition, pour le laboratoire, du matériel indispensable que j'ai énuméré dans ma lettre du mois de janvier dernier à M. l'administrateur Léger.

Veuillez agréer, Monsieur le Président, l'assurance de ma haute considération.

A. MALLAT,

Ancien Interne des Hôpitaux de Paris
Docteur en pharmacie de l'Université de Paris
Membre correspondant de l'Académie de Médecine.

(*Inédit*).

LE VOTE OBLIGATOIRE

Dans un article, très documenté, très étudié, très fouillé sur le *vote par correspondance*, paru dans le numéro du 10 août 1905 de la *Revue Politique et Parlementaire*, M. André Labussière écrit que « l'abstention est certainement le vice de notre « système électoral qui a été le plus souvent signalé, « avec raison, d'ailleurs, car c'est un mal sérieux, « dont les inconvénients sont multiples »; puis il déclare que le *vote obligatoire*, qui supprimerait, cependant, cette abstention « ne serait pas un remède « bien efficace » et que « son application n'entraî-« nerait aucune diminution du nombre des *absten-« tions forcées*, puisqu'au contraire il les prévoit et « les excuse ».

Certes, je suis loin de contredire que l'établissement immédiat du *vote par correspondance* ne serait pas déjà, sur ce qui existe à ce jour, un progrès fort appréciable; mais pourquoi ne pas aller, de suite, jusqu'au bout; pourquoi ne pas demander au suffrage universel ce qu'on est en droit d'attendre de lui, c'est-à-dire le vote de tous ceux qui le composent, le *vote obligatoire* avec sa conséquence: le *vote par correspondance* tel que le comprend M. André Labussière et tel qu'il voudrait qu'on le mette en pratique?

Ainsi, on supprimerait, presque totalement, ces *abstentions forcées* qui seraient réduites aux seuls malades incapables de venir à la salle de vote, incapables de pouvoir adresser leur bulletin par la poste ou à ceux dont l'éloignement momentané de leur domicile électoral serait tel qu'ils n'auraient pu être touché, en temps voulu, par leurs cartes d'électeur envoyées sous pli recommandé avec avis de réception, par les soins de la municipalité de ce domicile électoral.

Il faut oser le dire, il faut le répéter sans cesse : le *suffrage* ne sera vraiment *universel* que du jour où il sera *obligatoire*, puisque l'électeur a élevé, aujourd'hui, l'abstention à la hauteur d'une institution politique. C'est, en effet, dans certains cas, manifester une opinion que de ne pas voter ; c'est même, quelquefois, lutter encore que de s'abstenir.

Ce qu'il faut donc envisager, tout d'abord et avant tout, dans la réforme électorale qui, tous les jours, s'impose davantage « en nostre beau pays de France », c'est le moyen d'*obliger*, sans toucher au principe de liberté individuelle inscrit dans la *déclaration des droits de l'homme et du citoyen*, tous les électeurs, — sauf des cas d'excuses fort limités et bien délimités, — à se prononcer dans les élections, le nombre des bulletins blancs ou nuls dût-il grandement augmenter dans les premières années de cette obligation ; c'est, après les cinquante-sept années d'expérience qu'on vient de faire, obliger les nombreux indifférents politiques, qui veulent néanmoins rester électeurs, à sortir de leur indolence et à voter, quoi qu'il puisse leur en coûter ; c'est la nécessité d'inscrire, dans la loi, l'*obligation du vote* pour tous les électeurs régulièrement inscrits sur les listes électorales.

*
* *

Pour obtenir ce résultat, il faut, évidemment et en bonne logique, prescrire contre ceux qui manqueront à cette obligation, une sanction pénale telle qu'elle ne soit pas illusoire. Il faut se montrer excessivement sévère, d'un seul coup et sans cette échelle progressive que prévoit le projet Berry, qui ne donnerait aucun résultat appréciable. Il faut que tout abstentionniste, dont l'excuse ne sera pas déclarée valable par le tribunal civil de l'arrondissement où l'abstention s'est produite, soit condamné, au moins, à 500 francs d'amende, payables dans les quinze jours de la condamnation, à peine de se voir, si ce paiement n'est pas effectué dans ce délai, rayé à tout jamais des listes électorales de France pour le **genre** d'élection qui a motivé l'abstention.

*
* *

Que devient la liberté individuelle avec un tel système?

Je réponds que tout délégué sénatorial, qui a accepté le mandat politique qui lui donne droit à cette fonction, ou bien la délégation du Conseil municipal qui l'a désigné, doit, *obligatoirement*, prendre part au vote pour lequel il est convoqué. S'il s'abstient il est, conformément à l'article 18 de la loi organique du 2 août 1875, condamné à 50 francs d'amende par le Tribunal civil du chef-lieu, sur les réquisitions du ministère public.

Et, alors, je pose, à mon tour, cette question : « Que devient la liberté individuelle avec un tel système, car le cas est identiquement semblable? »

Pourquoi, en effet, si l'électeur sénatorial a l'*obligation* de voter, l'électeur ordinaire, dont la collectivité constitue le suffrage universel, ne l'aurait-il pas, lui aussi?

On répond d'avance, en prévoyant l'objection, que, dans ce second cas, il s'agit de suffrage restreint et non de suffrage universel et que les délégués sénatoriaux sont élus avec un mandat spécial, celui de prendre part au vote.

Je ne vois pas comment ces raisons-là peuvent expliquer l'obligation dans un cas, alors qu'elle n'existerait pas dans l'autre. En effet, que fait, à la chose, le caractère du suffrage? *Suffrage universel* ou *suffrage restreint,* ce ne sont là que des mots, des *mots seulement;* et, qu'il s'agisse de l'élection des sénateurs ou de tous ceux dont les pouvoirs émanent du suffrage universel, ce qu'il faut tendre à obtenir le plus possible, c'est l'émission des votes de l'unanimité des électeurs inscrits, seul moyen de connaître exactement et absolument ce que veut la majorité de ces électeurs, que cette majorité soit, je le répète, d'origine restreinte ou d'origine universelle.

Et, aussi, est-ce que l'électeur qu'on inscrit d'office ou sur sa demande sur la liste électorale de sa commune, n'est pas, ainsi, et du seul fait de cette inscription, pourvu « d'un mandat spécial, celui de prendre part à tous les votes »?

A quoi sert, en effet, cette inscription, à quoi servent les listes électorales, si ce n'est à donner mandat, à donner pouvoir aux inscrits de voter; de voter, quand ils veulent, sous l'empire de la loi actuelle; de voter *obligatoirement* si, comme les électeurs sénatoriaux, ils étaient tenus de le faire?

*
* *

Il y a, cependant, une raison première qui a permis au législateur de 1875 d'imposer *l'obligation de voter* aux délégués sénatoriaux sans toutefois toucher, pour cela, au principe de la liberté individuelle. Cette raison découle justement de la différence même qui existe entre l'inscription, sur les listes, des électeurs ordinaires, et des électeurs sénatoriaux.

Ceux-ci sont de deux sortes : ou bien ce sont des électeurs de droit — sénateurs, députés, conseillers généraux, conseillers d'arrondissement — qui ont toujours la liberté individuelle de n'être pas électeurs sénatoriaux, soit en n'acceptant pas les fonctions qu'ils occupent, soit en démissionnant de ces fonctions en temps voulu pour ne pas être obligé de voter; ou bien ce sont des délégués désignés par les Conseils municipaux, délégués qui ne sont inscrits sur la liste électorale qu'après avoir accepté formellement le mandat qu'on leur a conféré, de telle façon que, là encore, la liberté individuelle du délégué est pleine et entière et qu'il peut, s'il le veut, refuser le mandat qu'on lui confie et, ainsi, éviter *l'obligation* prévue par la loi.

C'est donc parce qu'en principe la liberté de l'individu est respectée dans l'obligation qu'a un délégué sénatorial de prendre part au vote pour lequel il est désigné, que cette *obligation* s'explique, se conçoit, est possible, et n'atteint pas cette liberté individuelle.

***

Pourquoi ne ferait-on pas l'application de ce principe au suffrage universel? Pourquoi, à la base, ne laisserait-on pas, tout d'abord et avant tout, au Français quel qu'il soit, la liberté d'être ou de ne pas être électeur?

***

La loi du 7 juillet 1874 prescrit que, dans chaque commune, une liste électorale sera dressée par une Commission de trois membres, sur laquelle liste sont inscrits d'office tous les citoyens âgés de vingt et un ans, jouissant de leurs droits civils et politiques et n'étant dans aucun cas d'incapacité prévu par cette même loi. Non seulement cette inscription se fait de droit, sans même le consentement de l'inscrit, mais si cet inscrit veut se faire radier, il faut qu'il soumette son cas à une seconde commission qui juge s'il a droit à cette radiation. Bien plus encore, tout électeur inscrit peut demander, de sa propre autorité, l'inscription d'un individu omis et cela sans le consentement de cet omis. Là, encore, la Commission de révision de la liste électorale statue et inscrit ou radie de sa propre autorité, sauf recours contre sa décision, au juge de paix du canton. Ce sont de telles listes qui servent à toutes les élections qui émanent, en France, du suffrage universel.

Ainsi donc, on peut être électeur sans être consulté, sans qu'on le désire, sans qu'on le demande, sans même parfois qu'on le sache.

Il est bien évident qu'avec un tel système, le *vote obligatoire* n'est pas possible et qu'avant de le promulguer il faut, forcément, modifier complètement, et dans son esprit, et dans son application, la loi du 7 juillet 1874 sur l'*électorat*.

***

Il faudrait, pour que le *vote obligatoire* pût exister et se justifier, que tout Français qui se trouverait dans les conditions d'âge, de domicile, de casier judiciaire, de capacité, en un mot, prévus par la loi pour pouvoir être électeur, ne soit inscrit sur la liste électorale de son domicile politique ou du lieu où il aurait droit de l'être, que sur une demande formelle, signée de lui, ou, s'il ne savait signer, faite verbalement, par lui-même, au maire de la commune, en présence de deux témoins sachant signer qui attesteraient, par leurs signatures, l'authenticité de cette demande verbale.

*
* *

Et alors le vote obligatoire, avec une telle liste électorale, n'attenterait en aucune façon à la liberté individuelle, puisque rien n'obligeant l'individu à se faire inscrire, il serait prévenu, par la loi elle-même, que s'il requérait cette inscription qui le ferait *citoyen*, il s'obligeait par cela même à bénéficier des avantages qu'il pourrait en retirer et, aussi, à subir tous les inconvénients qui pourraient en résulter.

Parmi ces inconvénients, le premier de tous serait, naturellement, l'obligation de voter à toutes les élections, sauf, s'il ne justifiait pas son abstention, à payer « ès-mains du percepteur une amende de 500 « francs, si mieux n'aimait se voir rayer à tout « jamais de la liste électorale sur laquelle s'était « faite l'élection où il s'était abstenu. »

Et ainsi, comme pour les élections sénatoriales, on ne pourrait crier à la tyrannie, car de même qu'on peut dire aux électeurs sénatoriaux qu'ils le sont parce qu'ils le veulent bien, de même on pourrait dire à l'électeur inscrit sur les listes électorales pour les élections par le suffrage universel qu'il l'est parce qu'il l'a demandé, puisque sans cette demande, il ne pourrait pas être inscrit.

*
* *

Le nombre des électeurs diminuerait-il sensiblement par ce nouveau système de formation des listes électorales? Je ne le pense pas, car chacun en France tient beaucoup, s'il est obligé de subir l'impôt et le service militaire, à jouir du droit de compter parmi ceux qui élisent le gouvernement représentatif de notre République.

Et puis, il y aurait le point d'honneur de n'être pas confondu avec ceux qui, ne possédant pas leurs droits civils ou politiques, seraient de droit rayés des listes. Il existerait, ainsi, une différence marquée entre un *Français* et un *citoyen français*. Tous les Français resteraient obligatoirement égaux devant l'impôt du sang nécessaire pour garantir l'intégrité de la patrie. Le Français ne deviendrait *citoyen* que par sa propre volonté en étant, s'il avait la capacité voulue pour cela, *électeur* et en prenant obligatoirement part, par conséquent, à tous les votes qui se feraient avec la liste électorale sur laquelle il serait inscrit.

*
* *

Le *vote obligatoire* nécessiterait, pour que la sanction contre l'abstention puisse être appliquée, la justification, par l'autorité municipale, que l'électeur aurait reçu sa carte électorale le convoquant, pour l'élection, en temps voulu, c'est-à-dire au moins huit jours à l'avance. Ainsi, il aurait un délai suffisant, s'il est absent, soit pour revenir à son domicile électoral avant le jour du vote, soit pour voter par correspondance, selon la forme indiquée par M. André Labussière. Il suffirait pour cela, je l'ai indiqué déjà d'un mot, d'organiser, spécialement pour les élections, une distribution postale recommandée avec avis de réception des cartes d'électeur; les avis de réception remis à la mairie par l'administration des postes justifieraient: 1° que l'électeur a été touché par sa convocation; 2° qu'il a été touché à temps ou trop tard pour qu'il puisse ou ait pu prendre part au vote.

*
* *

Je ne veux pas entrer plus longuement dans le détail de l'organisation du système que je viens d'ébaucher rapidement et dont le principe réside dans la modification que j'ai indiquée de la loi du 7 juillet 1874. M. André Labussière a déjà dit et bien dit ce qu'il faudrait faire, je le répète, pour assurer le vote par correspondance; d'autres ont indiqué pareillement les améliorations à apporter aux votes, soit pour en assurer le secret, soit pour que les minorités ou les diverses professions puissent être représentées. Je n'insiste donc pas, mais je pose en principe que toutes ces panacées qu'on préconise pour moraliser, si l'on peut dire ainsi, le suffrage universel, qu'elles s'appellent *représentation professionnelle* ou *proportionelle, secret du vote* ou *vote par correspondance, scrutin de liste* ou *scrutin d'arrondissement*, ne sont que des cautères sur des jambes de bois, si elles ne sont pas précédées de la grande réforme qui doit, enfin, donner au suffrage universel, la plénitude de son résultat; j'ai nommé: le *vote obligatoire*.

(*Revue Politique et Parlementaire*, n° du 10 avril 1906, p. 119).

LES VIEUX VICHYSSOIS

Nous sommes, encore, trois ou quatre bonnes douzaines de Vieux Vichyssois, tous nés au pied de *la
Tour*, entre *le Fatitot* et *la Chaume*, *les Célestins* et
le Gros Boulet, *la Croix-de-Mission* et *la Porte Verrier*
qui, instinctivement et malgré nous, souffrons toujours quelque peu, dans notre for intérieur, de l'en-
vahissement de « notre ville » par des exotiques
venus de tous les pays de France et de l'étranger et
par ces Aquitains de Cusset, nos éternels ennemis,
ceux qui, déjà au XVe siècle, détruisaient, pour nous
priver d'eau, notre *fontaine Cyolant*, et contre lesquels, quand j'étais au collège, nous rompions, à
coups de poings, plusieurs lances chaque jour.

Il est bien difficile de se refaire, et nous subissons
tous — je parle, bien entendu, ce ces trois ou quatre
douzaines d'indigènes dont je fais partie — non seulement les lois de l'atavisme, mais encore la profonde
impression de notre éducation d'enfant. Nous avons
été élevés, jusqu'à 10 ou 12 ans, dans l'unique idée
que Vichy, c'était seulement le monticule sale et mal
bâti que nous habitions et qu'en dehors de ses anciennes murailles ce n'était plus Vichy. Nous sommes
du temps, en effet, d'avant l'empereur Napoléon III,
par conséquent de l'époque où l'on a commencé, chez
nous, à appeler nos rues mal pavées : *la Ville*, par
opposition au *Nouveau-Vichy* qui s'espaçait de ci, de
là, du côté des *Bains;* nous sommes du temps où nous
avions *tout* dans cette ville, la force publique et le
siège de l'administration municipale, le maréchal des
logis Chambaud et le commissaire de police Michelet,
la mairie et le violon, les écoles et la poste, la pompe
à incendie et le canon, l'église et le bureau de tabac.

Dans ce temps-là, le curé Dupeyrat disait à Louis

Charnay qui construisait, en pleins communaux, l'Hôtel des Pyrénées : « Tu es certainement fou, mon bon ami, de t'en aller à Crotte, et tu veux, j'en suis sûr, d'un seul coup, manger tout ce que tu as déjà gagné. » Dans ce temps-là, le capitaine Laprugne refusait de réparer une serrure *aux quatre chemins*, car, lui, ne travaillait pas pour les environs, pour Cusset ; dans ce temps-là, Nanet Servin me « fourrait » chaque jour dans la tête que le *périment* n'avait point de fond, qu'on ne pouvait construire plus haut que *la Tour* et qu'il n'y avait rien de mieux, pour faire un Casino municipal, que l'ancienne mairie ; dans ce temps-là, afin de s'enrichir, on vendait des champs de luzerne rue du Parc pour acheter des maisons rue d'Allier ; dans ce temps-là, on se moquait fort, ici, de ceux qui, coureurs d'aventures, venaient d'Auvergne pour construire un peu partout, *au Pontillard* ou *aux Acacias*, de petits et de grands hôtels ou bien pour exploiter ceux qui existaient déjà et auxquels les ruraux des alentours ou les citadins de la ville voisine refusaient tout crédit.

Je sais bien que, tous, nous avons eu, depuis cette époque, l'éducation et l'instruction nouvelles qui ont certainement dû modifier cet atavisme, ces impressions premières ; mais j'avoue malgré cela — si j'en juge du moins par moi-même — qu'il nous reste un vieux levain de cette haine sourde et inexplicable contre le nouvel arrivant, quel qu'il soit, contre l'envahisseur et contre l'Aquitain de Cusset. J'avoue aussi, à ma honte, qu'il nous faut faire un effort et nous reprendre pour ne pas être, dans nos relations, au commencement de ce vingtième siècle, aussi grotesques, aussi stupides et aussi ridicules qu'autrefois.

C'est ce sentiment inqualifiable, c'est ce doute de tout temps sur la prospérité future de Vichy, c'est cette méfiance injustifiée de ce voisin qui osait venir nous concurrencer, nous obliger à changer nos habitudes et à améliorer notre commerce qui ont fait que nous avons toujours été les adversaires des meilleures choses qui se sont faites chez nous. Nos pères avaient lutté autant qu'ils avaient pu, contre les frères Brosson qui, de 1833 à 1842, exploitèrent comme fermiers, « notre » établissement thermal ; nous autres, nous naquîmes adversaires de la Compagnie fermière, simplement parce que cette Compagnie, comme les Brosson, du reste, n'avait pas vu le jour rue de la Laure, impasse des Boucheries ou place de la Fontaine-des-Trois-Cornets.

Je viens d'écrire « notre » établissement thermal ! On le voit, c'est plus fort que moi, l'atavisme l'emporte, le chauvinisme ne me lâche pas. « Nôtre ! » Eh ! oui, sans doute, il aurait pu l'être si, en 1792, ceux qui étaient là, alors, tous ou à peu près tous de Vichy, n'avaient pas douté des eaux minérales qui jaillissaient sur le sol de leur toute petite commune. Il y avait un reliquat de plus de 32.000 livres à payer à l'entrepreneur Dupont, de Moulins, qui venait d'achever la construction de l'établissement thermal de Janson. La Convention ne savait où prendre cette somme ; aussi chargea-t-elle le Département de négocier pour trouver qui, en la débarrassant de cette dette, la débarrasserait aussi de la propriété nationale de Vichy. On offrit donc à la municipalité de notre ville de faire l'affaire ; on offrit à nos grands-pères de payer Dupont et de devenir, ainsi, propriétaires de toute la propriété de l'Etat, de toutes ses sources et de son établissement thermal ; ils ne répondirent même pas à l'offre qu'on leur faisait. Bon gré, mal gré et à son corps défendant, la Convention dut donc solder Dupont et garder Vichy.

Déjà, si j'en crois les documents que j'ai consultés sur cette époque révolutionnaire de notre histoire locale, ce sont des jalousies de famille, des haines personnelles qui firent que nos ancêtres refusèrent pour un morceau de pain le monceau d'or qu'on leur offrait. Aujourd'hui, comme alors, ce sont ces mêmes jalousies de famille, ces mêmes haines personnelles qui nous divisent, qui nous font toujours lutter les uns contre les autres. On l'a bien vu, il y a quelques années, lorsque la Société des Courses demanda au

Conseil municipal d'acheter, par expropriation, et dans de fort bonnes conditions, tous les terrains de l'hippodrome. Maintenant, comme en 1792, ce sont toujours les troisièmes larrons qui profitent de nos haines, de nos divisions; ce sont eux qui, grâce à ces haines, à ces divisions, sont nos maîtres et nous mènent, mal, disent les uns; fort bien, disent les autres dont je suis.

Depuis 1790, plus de vingt maires se sont succédés à l'hôtel de ville de Vichy. Sur ce nombre, seuls, Gravier (du Monceau) l'aïeul, Sauret de Varennes, Pourçain Chocheprat, Gabriel Fouët, Victor Noyer, Antoine Guilliermen, Alfred Bulot et Gabriel Nicolas étaient de Vichy. Tous les autres furent des importés, amenés, ici, soit par leurs fonctions, soit par leurs alliances, soit par leurs commerces, soit simplement par pur hasard. Certes, il en fut parmi ces derniers, comme Lucas, Ramin-Prêtre, Prunelle, Leroy, Bousquet, Jardet et d'autres, pour ne citer que des noms pris parmi ceux qui ne sont plus, qui furent des hommes remarquables et de premier ordre; mais n'aurait-on pas trouvé parmi nous, dans cette suite de lustres, si nous avions été plus unis, moins entiers dans nos jalousies de maison à maison, moins divisés, d'aussi bons administrateurs que tous ceux que je viens de nommer?

Et aujourd'hui encore si, outre ces haines personnelles et de famille, nous n'avions pas, par dessus le marché, pour nous diviser davantage, le bon Dieu et la politique, ne trouverions-nous pas, parmi nous, vieux indigènes, plus de conseillers municipaux, plus d'administrateurs de toute sorte pour siéger soit à l'hôtel de ville, soit à l'hôpital civil, soit au bureau de bienfaisance, soit ailleurs encore? Mais il ferait bon à quelques-uns de nous — parmi ceux qui sont les plus en vue — d'y songer et d'essayer d'en vouloir!

Tous, nous nous connaissons trop; tous, nous savons trop toutes nos tares; tous, nous avons trop vécu côte à côte dans une toute petite ville pour pouvoir, maintenant, nous abstraire de nos contingences ambiantes.

Il nous faut, si nous ne voulons pas courir à un échec certain et dû seulement à la lutte des nôtres — que ce soit moi, parpaillot et républicain, ou que ce soit cet autre, clérical et royaliste — ne pas même essayer d'être candidat. Ce serait, en effet, un beau charivari si j'aspirais, dans la ville où je suis né, au moindre mandat électif ; et ce charivari viendrait moins des exotiques, des Aquitains de Cusset, que de ceux qui, comme moi, originaires d'ici, me savent tout entier sur le bout de leurs doigts, depuis A jusqu'à Z, comme je les sais moi-même. Par contre, si l'un d'eux veut à son tour en tâter quelque peu, je m'apprête aussitôt — car je ne suis pas meilleur que les autres — à lui rendre la pareille.

Pendant ce temps, l'étranger se présente ; on ne le connaît pas ; il est, ici, depuis quatre matins ; il n'a pas de passé local ; il n'a pas encore de haines personnelles bien définies ; il n'a pas d'inimitiés de famille bien ancrées ; nous votons tous pour lui et nous en faisons notre maître.

Je m'empresse d'ajouter qu'il est très heureux qu'il en soit ainsi, car avec notre caractère chauvin et cocardier, quelque peu jaloux et fort orgueilleux, entêté et « carquignou », cassant et assez vindicatif, avec notre bavardage proverbial qui nous grise quelquefois, nous n'aurions peut-être jamais pu faire rien de bien, rien de bon, rien de beau. Je me souviens, en effet, que lorsque Napoléon III eut décidé de transformer Vichy, il fallut, pour qu'il réussisse dans ses vues, dissoudre d'abord le Conseil municipal d'alors, entièrement composé de Vieux-Vichyssois, et le remplacer ensuite par une Commission municipale, presque exclusivement prise parmi des étrangers au pays. Je crains bien et tout me fait croire que, si nous étions maintenant, comme alors, à la Mairie, nous ne saurions pas mieux faire que nos aïeux ; que, par exemple, nous ne saurions pas, actuellement, déplacer cette Mairie — déplacement qui s'impose cependant — tout simplement parce que nous avons toujours vu le « Fatitot » ainsi qu'il est, que nous sommes, par essence, conservateurs de nos vieilleries et que nous ne voulons pas voir mieux que ce qui existait aux alentours de 1850.

Nul n'est prophète en son pays : cependant, il n'est guère de pays où on le soit si peu qu'à Vichy. J'ai eu, jadis, un oncle, un Aquitain de Cusset et un pur, j'en réponds, qui se piquait d'honneur de ne jamais venir à Vichy, et qui n'y venait jamais. Il était toujours élu le premier aux élections municipales de sa ville natale et il dut bien souvent refuser la mairie. Qui, chez nous, penserait à en faire autant pour un « enfant du pays » aussi bon teint? Il est vrai que si nous nous étions ainsi « terré » dans nos prérogatives de pur sang, nous en serions probablement toujours au même point qu'au temps du Cens où le maire de Vichy, nommé par le préfet, avait préalablement été élu Conseiller municipal par 25 voix seulement. Il nous a fallu des importations nombreuses, beaucoup de sang nouveau, pour que « notre ville » devint la grande et belle station thermale qu'elle est à l'heure actuelle et, malgré tout mon chauvinisme, dont je rougis, je suis obligé de reconnaître que ces importations ont été souvent fort heureuses et fort utiles à notre prospérité.

Aujourd'hui, encore, elles le sont plus que jamais et nous devons certainement remercier les Aquitains de Cusset de ne plus faire comme mon oncle et de condescendre à être généralement les plus assidus dans nos cercles de jeux, les meilleurs clients de nos maisons de joie ou les plus en vue dans nos sociétés attractives. Ils nous apportent, contre le plaisir que nous leurs donnons, le snobisme de leurs toilettes, la noblesse de leurs noms, l'autorité de leurs fonctions, la fatuité de leurs esprits, la notoriété de leurs professions et tout cela fait très bien en tête d'un programme de fêtes, d'une bataille de fleurs ou d'une nouveauté carnavalesque quelconque.

Nous autres, vieux vichyssois, nous ne sommes que gens maussades, vantards et discuteurs ; nous ne sommes que hôteliers, pamphlétaires ou fainéants ; on fait bien de ne plus prendre garde à **nous, car,** comme « Chalumeau », nous ne sommes bons qu'à répéter : « Non, Monsieur, pas « Vive Cusset ! », mais « Vive Vichy ! ». Oui, Monsieur, « Vive **Vichy !** ».

(*Progrès Social* des 26 et 27 avril 1909).

CONTRE LE CUMUL DES FONCTIONS ÉLECTIVES

Mon excellent ami, le sénateur Albert Peyronnet, qui doit un peu le siège qu'il occupe au Luxembourg à la vigoureuse campagne menée par *le Petit Libéral* pendant les derniers mois de 1911, non seulement en sa faveur, mais surtout contre ses adversaires possibles des arrondissements de Montluçon et de Gannat, a été battu, dimanche dernier, à l'élection pour le Conseil général dans le canton de Cérilly, par un candidat unifié parfaitement inconnu dont j'ai oublié le nom, dont le nom, du reste, importe peu.

J'avoue que j'applaudis de toutes mes forces à cet insuccès retentissant et imprévu, et que j'en félicite chaleureusement les électeurs de la forêt de Tronçais et de ses alentours.

Lorsque, sans l'avoir vu, sans le connaître autrement que par les fonctions publiques qu'il avait occupées dans les ministères, je m'étais mis en tête de soutenir, comme je l'ai fait, la candidature au Sénat de M. Albert Peyronnet, j'avais été surtout conquis par ce fait qu'il n'était, lorsqu'il s'offrit au suffrage restreint, qu'un simple citoyen comme moi et tant d'autres, et qu'il n'occupait, alors, aucune situation élective quelconque.

Et je me disais que c'était, enfin, le rêve d'avoir un sénateur qui ne soit ni conseiller général, ni conseiller d'arrondissement, ni maire, ni même conseiller municipal; un sénateur qui ne soit que sénateur et qui s'en tienne au Sénat seulement, au Sénat seul.

Pourquoi diable M. Albert Peyronnet a-t-il voulu, en 1913, être autre chose que ce qu'il était en 1912? Pourquoi diable a-t-il été piqué, comme trop d'autres, de cette folie du cumul, qui pousse tous les hommes

politiques à désirer toujours plus qu'ils ont? Est-ce
que le Sénat ne suffisait pas à l'activité — dévorante,
je le sais — de mon bon et cher ami, qui a failli, tout
dernièrement, être malheureusement victime de cette
activité? Pourquoi a-t-il voulu ne pas s'en tenir au
seul mandat qu'il avait reçu, à Moulins, le 7 janvier
1912? Pourquoi a-t-il voulu davantage?

On me répondra, j'en suis sûr, qu'il a été sollicité
et qu'il n'a pas cru devoir repousser ses solliciteurs
et leurs sollicitations. C'est là une grande erreur de
sa part et dont il doit être guéri maintenant, je l'espère pour lui. Il fallait qu'il dise à tous les maires
du canton de Cérilly, qui le harcelaient peut-être, que
le cumul des fonctions électives était la pire des mauvaises choses, et qu'en politique, comme en administration, la division du travail s'imposait, si l'on
voulait mener à bien une tâche intéressante.

Il fallait qu'il dise qu'élu sénateur il se devait tout
entier à son mandat, et qu'il ne voulait rien être autre
chose que sénateur; il fallait qu'il indiquât le plus
digne parmi ces maires, parmi ces solliciteurs, d'être
candidat républicain à sa place et qu'il fasse, sur le
nom de celui-ci, l'union de tous ceux qui voulaient
voter pour lui. Mais il ne fallait pas qu'il se dévouât
jusqu'à l'extrême, car il risquait, non pas de se dimi-
nuer — un échec cantonal ne diminue pas une per-
sonnalité comme la sienne — mais de se faire un
peu critiquer, même par ses amis, même par moi,
qui croit bien être de ceux-là.

Ce qu'il n'a pas osé faire devant l'appel, maladroit
peut-être, des républicains du canton de Cérilly, le
suffrage universel s'est chargé de l'exécuter. J'en
suis, je le répète, fort aise.

Car, il ne faut pas s'y tromper, ce n'est pas le
simple citoyen, candidat au Conseil général, que des
électeurs de l'Allier ont refusé d'élire dimanche
passé; c'est le sénateur, déjà pourvu d'une charge
politique qui doit suffire à le bien occuper, à qui les
électeurs ont dit: tu n'iras pas plus loin dans la
voie du cumul. Et les électeurs ont bien fait; et les

électeurs ont sagement agi ; et je souhaite que partout ailleurs ils en fassent autant.

Peu importe le parti politique qui, par une alliance honteuse, l'a emporté à Cérilly, lors de l'élection pour le Conseil général ; la seule chose qui me frappe et me plaît, c'est que le cumul des fonctions électives y a été atteint. Certes, j'aurais mieux aimé que ce fut un autre qu'Albert Peyronnet qui fut la victime de cette erreur des républicains d'un peu partout ; mais je suis tout de même bien satisfait de la leçon que ces républicains de l'arrondissement de Montluçon viennent de recevoir, là-bas, chez les bûcherons, du côté d'Urçay et de l'Etelon.

Et, puisqu'il n'y a rien à espérer de l'égoïsme du Parlement français contre le cumul des fonctions électives, puisque jamais nous pourrons obtenir de ces sénateurs ou de ces députés, — qui sont tous ou à peu près tous, Conseillers généraux ou Conseillers d'arrondissement de leurs cantons, Maires ou Conseillers municipaux de leurs communes, — qu'ils votent une loi contre ce cumul dont, politiquement, ils vivent, il ne me déplaît pas de voir le suffrage universel faire lui-même sa police et répudier brutalement ceux qui lui demandent plus que ce que logiquement à quoi ils ont droit, plus que ce que humainement ils peuvent faire, s'ils veulent bien le faire.

Je n'ai pas, je suppose, à dire, ici, les exemples qui viennent à l'esprit de tous, et avec lesquels on peut facilement établir qu'un député ou qu'un sénateur, qui est obligé, de par son mandat, d'habiter Paris une grande partie de l'année, ne peut pas, en même temps, bien administrer une commune où sa présence serait utile en tout temps, ou gérer les affaires départementales loin du département, loin du centre préfectoral.

Il me semble, du reste, qu'aujourd'hui, en France, on peut trouver assez de capacités, assez de dévouements, assez de bonnes volontés pour que le cumul des fonctions électives soit inutile, et je souhaite que partout, en l'absence d'une loi défendant ce cumul, les électeurs, bien avisés, imitent ceux du canton de Cérilly et laissent, à l'avenir, les sénateurs au Sénat seul, les députés au Palais-Bourbon seul, les conseillers généraux à la Préfecture seule, les conseillers d'arrondissement à la Sous-Préfecture seule, et les maires aux seules Mairies, de telle sorte que le personnel électif de France soit plus nombreux et, par conséquent, plus apte à bien légiférer et à bien administrer.

J. C.

(Le *Petit Libéral*, numéro du 9 février 1913).

LES DÉPUTÉS SORTANTS
DEVRAIENT ÊTRE,
POUR TOUJOURS, INÉLIGIBLES

On a beaucoup bataillé, ces temps derniers, aussi
bien à la Chambre des Députés qu'au Sénat, sur le
mode de scrutin des prochaines élections législatives.
Au Palais-Bourbon, les *mares stagnantes*, malgré le
changement de front de leur éloquent parrain, ne
furent défendues que pour la forme. Au Luxembourg
— ce grand refuge des blackboulés du suffrage universel — le scrutin d'arrondissement eut plus de
succès ; et, certes, l'amendement Peytral l'aurait emporté si le président du Conseil des ministres n'avait
pas posé, contre lui, la fameuse question de confiance.
Mais, depuis un certain temps, notre Parlement nous
donne la comédie de son asservissement complet aux
volontés d'un seul. Et, certes, l'on peut dire, aujour-
d'hui, que ce que veut M. Poincaré, Dieu le veut, si
tant est qu'une force de la puissance de celle qui, dit
l'Eglise, a tiré de rien, il y a six ou sept mille ans,
et en six jours seulement, des milliards de mondes
solaires, ait le loisir de s'occuper des quelques infi-
niments petits que nous sommes !

Donc, M. Poincaré a voulu que nos futurs représentants fussent encore élus au scrutin de liste avec
représentation proportionnelle éventuelle ; et il en
sera ainsi malgré M. Briand, malgré M. Dodat (!),
malgré M. Herriot, et malgré aussi bien d'autres
grands orateurs *ejusdem farinæ*.

Dans un département qui a droit à *cinq* députés
et où il y aura *cent dix mille* suffrages exprimés qui
seront essaimés sur les noms de *quatre* listes légalement enregistrées à la préfecture, de telle sorte

qu'il **soit** absolument impossible à la majorité absolue — 55.001 voix — de se former sur un quelconque de ces noms, est-ce un bien ou est-ce un mal qu'un candidat qui n'aura obtenu que *vingt-deux mille* voix, c'est-à-dire tout juste le *quotient*, l'emporte sur plusieurs de ses concurrents des trois autres listes qui, eux, atteindront le poteau d'arrivée avec *trente-cinq* ou *quarante mille* suffrages?

Si la rééligibilité du député sortant était absolument interdite par la loi électorale, cette double question à laquelle, je le confesse, il ne m'est pas possible de répondre, ne se poserait même pas. J'estime, en effet, — et je le dis comme je le pense — que tous les défauts du parlementarisme français — et l'on sait si, généralement, on lui en accorde — viennent de ce que les élus du suffrage universel peuvent, à la fin d'une législature, être réélus et siéger de nouveau au Palais-Bourbon pendant quatre nouvelles années. Presque toujours, cette réélection possible transforme immédiatement le député, quel qu'il soit, en un *professionnel* de la politique. Et, dès lors, celui-ci ne songe plus qu'à une chose: conserver son siège. Il fait tout pour cela et rien ne lui coûte pour ne pas compromettre sa réélection. La crainte de l'électeur influent domine tous ses actes, dirige tous ses votes. Pour consolider sa situation électorale, il se livre parfois aux plus folles surenchères et vote des crédits sans s'inquiéter s'il ne faudra pas faire appel à la planche aux assignats pour payer les dépenses qui doivent servir à satisfaire sa clientèle électorale. Bref, il fait l'impossible pour plaire à son électeur qui, ainsi gâté, a pris, depuis longtemps, la mauvaise habitude d'obliger son élu aux pires besognes, aux démarches parfois les plus scabreuses. Il faut avoir vu cela de près, ou avoir reçu les confidences des écœurés de la profession pour savoir exactement ce qu'il en est au juste et à quelles tractations secrètes il faut, souvent, que le *politicien de carrière* se prête pour satisfaire les appétits, toujours inassouvis, de ses commettants.

Il n'en serait pas ainsi si, d'ores et déjà, les élus du 11 mai 1924 savaient qu'à la fin de la prochaine législature — tel Cincinnatus — ils seraient obligés de retourner tout humblement à leurs charrues, sans aucun espoir de pouvoir revenir, un jour ou l'autre, siéger au Palais-Bourbon. L'électeur, après leur élection, deviendrait, alors, pour eux, une entité quelconque, peu intéressante, et dont ils n'auraient plus besoin, puisqu'ils n'auraient plus rien à lui demander, plus rien à obtenir d'elle. Ils la laisseraient donc tomber et se débrouiller toute seule avec le pouvoir exécutif qui ne s'en plaindrait pas, au contraire.

Et alors, on comprend facilement combien le mode de scrutin, d'après lequel les députés seraient élus, importerait peu aux intérêts généraux de la France. Guidés, dans l'accomplissement de leur mandat, par leur seule conscience, et sans arrière-pensée d'intérêt personnel, ils seraient tous *parfaits*, quelle que soit leur origine, car ils n'auraient plus à compter, pour vivre, avec les intérêts particuliers de leurs électeurs.

Et qu'on ne vienne pas me dire que la loi électorale, qui consacrerait à tout jamais l'inéligibilité des députés sortants, écarterait des Conseils du Gouvernement des hommes indispensables et qui sont nécessaires à la vie de la France et de la République. Grâce au Sénat, dont le recrutement pourrait être facilement et utilement modifié, tous les Poincaré, les Millerand, les Viviani, les Bourgeois, les Briand, les Painlevé et autres grands esprits et beaux rhéteurs actuels pourraient, jusqu'à leur mort, illustrer notre parlementarisme et se passer, tour à tour, le pouvoir puisque, paraît-il, tout croulerait s'ils n'étaient pas un peu là. Mais, cette réserve faite, croit-on vraiment que nos petits grands hommes de province méritent, pour la plupart, que la loi ne les oblige pas à disparaître complètement de la scène politique du Palais-Bourbon après qu'ils ont donné pendant une durée de quelques années, la mesure de leur bonne volonté, de leur savoir et, quelquefois aussi, de leur incompétence ? Croit-on sérieusement, pour prendre un exemple près de nous, que la France serait en péril si nos députés sortants de l'Allier étaient tous inéligibles le 11 mai prochain, alors qu'il nous resterait encore — Dieu soit loué — notre trio de sénateurs que nous pourrions renommer *ad vitam æternam ?* Croit-on que des hommes nouveaux ne feraient pas aussi bien les affaires du pays que ceux qui nous demandent de leur renouveler leur mandat pour qu'ils puissent recommencer à intriguer en vue de leur réélection en 1928 ? Sont-ils donc si grands et si remarquables, ces élus de 1919, qu'on ne puisse trouver dans notre département au moins aussi bien qu'eux ? En sommes-nous au point de croire que tout sera perdu chez nous, même l'honneur, s'ils ont tous le sort qui va fatalement atteindre le plus grand nombre d'entre eux ? J'avoue, pour ma part, que je ne vois pas bien ce que nous risquons, nous, les commettants, à perdre *volontairement* tout ce que nous avons nommé en 1919 et quel dommage nous éprouverions si notre personnel politique actuel était remplacé par un personnel nouveau. Or, ce que je voudrais, c'est que ce changement *volontaire* possible soit *obligatoire* et que les quatre représentants actuels, qui persistent à en vouloir encore, soient *obligés*, de par la loi, à imiter MM. Descloux et Dodat, qui sont des sages par raison ou par persuasion, et qui retournent, sans trop se faire prier, le premier à sa lancette, le second à ses bœufs et à ses moutons.

Mais, hélas ! nous n'en sommes pas encore là, quoique l'idée soit en marche et que, déjà, on prépare son arrivée par le vote d'une loi sur le renouvellement par tiers de Messieurs les Députés. On ne pourra donc plus opposer à ma théorie la nécessité de maintenir la tradition, puisque cette tradition sera, dès lors, intangible. Aussi, malgré mon âge déjà avancé, je ne désespère pas de voir arriver, tous les **deux** ans, au Palais-Bourbon, un lot d'hommes **nouveaux**, les anciens étant légalement inéligibles. Cependant, pour l'instant, nous devons subir la volonté de M.

Poincaré et cela de par le vote de trois de nos députés de 1919 et malgré l'abstention méritoire et significative du plus antipathique de nos sénateurs et de seize de ses collègues, tous ou presque tous radicaux-socialistes ou quelque chose comme cela.

Donc, que cette volonté soit faite, mais que va-t-elle nous donner comme personnel législatif et que devons-nous attendre d'une dictature que les événements extérieurs nous imposent et que, pour ma part, je ne redoute nullement? J'essaierai, dans les quelques articles qui suivront celui-ci, de déterminer l'esprit public dans le Bourbonnais en ce commencement de l'année 1924 et j'en déduirai, par voie de conséquence, les résultats probables des élections législatives prochaines dans le département de l'Allier.

J. Cimourdain.

(Le *Petit Libéral*, numéro du 13 avril 1924).

LA MOBILISATION GÉNÉRALE A VICHY ET LA DÉCLARATION DE GUERRE EN 1914

Samedi 1ᵉʳ août 1914. — J'ai perdu, ce matin, mon optimisme des jours passés. Je sais, maintenant, de source sûre — par Mme Aiwaz qui, partie pour Saint-Pétersbourg et arrêtée à Paris, revient à la villa des Saules — que les Russes ne peuvent plus passer par l'Allemagne pour se rendre chez eux ; je sais que la diplomatie allemande a posé trois questions précises et comminatoires à la diplomatie russe ; je sais, par Mlle Ketty Markoff, la haine profonde et sans merci du slave pour le germain ; je sais qu'hier, dans un Conseil des ministres de nuit, le président de la République a signé trois décrets : l'un prorogeant les échéances du 31 juillet ; l'autre enlevant les droits d'entrée sur les blés étrangers et, le troisième, portant prohibition de sortie et de réexpédition en suite d'entrepôt, de dépôt, de transit, de transbordement et d'admission temporaire de divers produits et objets intéressant la défense nationale ; tout cela me fait perdre ma belle assurance et, pour la première fois, j'entrevois une guerre européenne possible et peut-être prochaine.

L'assassinat de Jaurès me trouble et m'inquiète. La République perd, en ce puissant génie, en ce merveilleux orateur, en ce pacifiste irréductible qui voulait aller, à juste titre, jusqu'aux pires moyens, jusqu'à l'internationalisme, pour éviter la guerre, une force qui lui était nécessaire et qui pouvait lui être très utile alors que la France va, peut-être, avoir besoin de masser toutes ses énergies.

Bref, j'augure mal de l'avenir, en cette chaude matinée d'été.

Je vais, à trois heures du soir, au Casino, pour savoir des nouvelles. J'y trouve le commissaire spécial de police Chapelier; nous causons. Il me dit que la situation est grave; il s'attend, à toute minute, à voir afficher l'ordre de mobilisation.

Méry et M. Mélays nous rejoignent. Ils reviennent du déjeuner offert par Perron, à l'International-Hôtel, pour fêter la naissance de sa fille. Méry, qui n'a pas été insensible à la qualité des vins qu'on lui a servi, est très excité. Il nous dit sa joie de la disparition de Jaurès; je lui fais, d'un mot, comprendre qu'il vaut mieux, pour lui, qu'il n'affiche pas ainsi des idées aussi ridiculement stupides et monstrueuses, car elles ne sont certainement pas les siennes et, pour couper court à sa discussion à ce propos, je l'envoie, dans la salle de jeu, où je n'entre jamais, me chercher la monnaie de cent francs. Il me rapporte quatre billets de vingt francs et quatre coupures de cinq francs toutes nouves : je n'en avais pas encore reçues.

Je reviens, vers quatre heures et demie, à la villa des Saules, par les Nouveaux Parcs. J'y trouve Maurice avec Louis et Raymond Bayon qui se préparent à aller, à l'hippodrome, voir les chevaux du Grand Prix de Vichy. Je leur donne mes mauvais tuyaux et leur prédis que, certainement, « *c'est pour la nuit prochaine* ». Ils partent sous cette impression.

Dix minutes après, je vois revenir Maurice, à pied, du côté de la rivière. Que leur est-il donc arrivé? Inquiet, j'interroge du haut du balcon du pavillon : L'ORDRE DE MOBILISATION GÉNÉRALE EST AFFICHÉ! En se rendant au champ de courses, ils ont appris la nouvelle et sont allés à la mairie voir ce qu'il en était au juste. Après avoir lu, ils sont revenus chez eux, car Louis Bayon est obligé de partir le soir même pour Belfort où il doit être rendu le premier jour de la mobilisation avant minuit.

Je veux voir ce qu'il en est par moi-même. Maurice m'emmène, en auto, rue de Paris et je lis, collé après les devantures de l'ancien Café du Chalet — la mairie provisoire actuelle — tout ce qui suit:

« *Dépêche officielle.*

« *Extrême urgence.*

« *Ordre de mobilisation générale.*

« *Premier jour de la mobilisation: Dimanche 2* août *1914.* »

« ORDRE DE MOBILISATION GENERALE

« Par décret du président de la République, la
« mobilisation des armées de terre et de mer est
« ordonnée, ainsi que la réquisition des animaux,
« voitures et harnais nécessaires au complément de
« ces armées.

« Le premier jour de la mobilisation est le diman-
« che 2 août 1914.

« Tout Français soumis aux obligations militaires
« doit, sous peine d'être puni avec toute la rigueur
« des lois, obéir aux prescriptions du Fascicule de
« Mobilisation (pages coloriées placées dans son
« livret).

« Sont visés par le présent ordre tous les hommes
« non présents sous les drapeaux et appartenant :

« 1° A l'Armée de Terre y compris les troupes
« coloniales et les hommes des services auxiliaires ;

« 2° A l'Armée de Mer y compris les inscrits ma-
« ritimes et les armuriers de la marine.

« Les Autorités civiles et militaires sont respon-
« sables de l'exécution du présent décret.

« ORDRE DE REQUISITION

« CHEVAUX ET MULETS

« Par application des lois et décrets en vigueur
« sur les réquisitions militaires, il est ordonné à tout
« propriétaire :

« 1° D'animaux classés ;

« 2° D'animaux ajournés comme momentanément
« impropres au service ;

« 3° De chevaux et juments ayant atteint l'âge
« de cinq ans ou de mulets et mules ayant atteint

« l'âge de trois ans depuis le dernier classement
« (l'âge se compte du 1er janvier de l'année de la
« naissance) ;

« 4° D'animaux introduits dans la commune de-
« puis le dernier classement ou n'ayant pas été
« présentés à ce classement pour une cause quelcon-
« que, et ayant d'ailleurs l'âge indiqué au paragra-
« phe précédent,

« De les présenter ou de les faire présenter sous
« leur responsabilité aux jour, heure et lieu indiqués
« plus bas.

« Les animaux seront amenés avec bridon ou
« bride, licol pourvu d'une longe et ferrure en bon
« état.

« Les chevaux entiers ne seront pas présentés.

« Le maire ou son représentant devra se rendre au
« lieu de convocation au jour et à l'heure indiqués ;
« il sera porteur des tableaux n°s 2 et 2 *bis* du der-
« nier classement.

« Tout contrevenant aux dispositions du présent
« ordre sera puni avec toute la rigueur des lois.

« Les autorités civiles et militaires seront respon-
« sables de l'exécution de ces disposition.

« *Jour et heure de la présentation*

« Deuxième jour de la mobilisation ; sept heures.

« *Lieu de présentation*

« Au Concours Hippique.

« VOITURES

« Il est ordonné également aux propriétaires des
« voitures attelées ou non, classées lors du dernier
« classement des voitures, de les amener au lieu de
« convocation en même temps que les chevaux. Si
« l'une de ces voitures a été remplacée par une autre
« depuis ce dernier classement, cette nouvelle voiture
« devra être présentée à la Commission.

« Toutes les voitures à présenter doivent être

« conduites devant la Commission, même si **leur**
« attelage se compose actuellement d'animaux réfor-
« més ou n'ayant pas l'âge fixé.

« Les voitures et harnais devront être en bon état,
« et les voitures pourvues de leurs cordes, bâches
« et clefs de graissage, autant que possible.

« Tout contrevenant aux dispositions du présent
« ordre sera puni avec toute la rigueur des lois.

« Les autorités civiles et militaires seront respon-
« sables de l'exécution de ces dispositions. »

Je n'entends aucun cri, aucune plainte, aucune
imprécation. On est plutôt joyeux, — sans enthousiasme délirant cependant, sans chants patriotiques
— dans le nombreux public qui cause vivement et
fortement devant la maison de ville. On sent que
tout ce monde va faire son devoir, tout son devoir,
sans protester, car ce qui ressort de toutes les conversations, même de celles que j'ai avec les chefs du
parti socialiste le plus unifié qu'il soit, c'est qu'il
faut, enfin, en finir une bonne fois pour toutes, et
que ça ne va pas être long.

Maurice nous monte à Beauregard, sa maman et
moi. On sait déjà la nouvelle dans les Chambons.
Les femmes pleurent ; les hommes, en groupes, dis-
cutent. De chez nous, nous entendons, très distinctement et très lugubrement, le tocsin qu'on sonne
au clocher de Bellerive. Cela jette un froid sur notre
conversation et douche un peu notre enthousiasme.

Je veux aller, par le Champ-Roubeau, écouter ce
qu'on y dit et, si besoin, remonter quelque peu le
courage de ceux qui peuvent en manquer. Gabrielle
a peur et s'y oppose. Elle veut redescendre de suite
à Vichy.

Je repars de la villa pour la chasse aux nouvelles ;
mais je rentre, pour dîner, presque bredouille.

Berthe nous raconte qu'elle était sur le parc, avec
sa fille, lorsqu'on a affiché, à la poste, la dépêche de
mobilisation avant de la porter à la mairie. Ça été
un affolement général. Tout ce qui était là, hommes,

femmes, enfants, est parti en courant, chacun vers son logis, pour faire ses paquets et prendre le train le plus vite possible. A cinq heures, paraît-il, la promenade était aussi vide qu'en plein hiver.

J'achète *le Matin* et *l'Humanité*, mais leur intérêt n'existe pas devant la nouvelle de la mobilisation, et je ne me rappelle même pas les avoir lu, *l'Humanité* du moins.

Nous sortons, Gabrielle et moi, après dîner; nous allons d'abord à la gare. Les guichets de distribution de billets sont pris d'assaut. On n'enregistre point de bagages et on prévient les voyageurs qu'à partir de minuit on ne répond pas de pouvoir continuer à les conduire à destination.

Les rues de Paris et de Nîmes sont pleines de monde. Mais pas un cri, pas un chant de guerre, point de *Marseillaise*, point de *Chant du Départ*, point de *Mourir pour sa Patrie*, point de *Carmagnole*, point d'*Internationale*. Le calme semble régner dans tous les groupes; il n'y a aucun emballement. Je fais remarquer à Gabrielle quelle différence il existe entre ce jour historique de 1914 et tous ceux de 1870 que j'ai vu et vécu à Vichy et dont je me rappelle fort bien de nombreux détails. Il est vrai que nous n'en sommes pas encore à la déclaration de guerre, mais à la mobilisation seulement. Et savoir, même, si jamais on en arrivera à cette déclaration de guerre? L'espoir renaît chez moi, et je m'y accroche le plus que je peux.

Des allemands qui, aux Quatre-Chemins, ont poussé des cris en faveur de leur nation, ont été roués de coups de cannes. Il a fallu, lorsqu'on a pu les enlever des mains de ceux qui les corrigeaient, les emporter, tout en sang, à l'Hôpital: leur état est grave.

Nous traversons le Casino. En montant les marches du perron, nous entendons les violons de la Restauration qui grincent une *Marche Lorraine* plus ou moins quelconque arrangée par ces tziganes qui tremblent tous dans leur peau d'étrangers. Il y a relâche au théâtre, à la salle de jeux et à la salle des fêtes.

Nous nous couchons bien tristes, bien abattus, mais, cependant, beaucoup moins que tant d'autres qui, certainement, doivent, à cette heure, pleurer en silence le départ d'un des leurs et souffrir cruellement d'une séparation qui sera, peut-être, éternelle: Maurice qui, en 1908, a été exempté du service militaire, ne nous quitte pas, pour l'instant du moins.

Dimanche 2 août 1914. — Je suis debout dès la première heure et monte directement au chemin de fer, pour voir ce qui s'y passe. La place de la Gare est toute entière couverte de « partants » attendant le départ du premier train. Il y a, là, surtout des civils, leurs paquets à la main, car ils savent qu'on n'enregistre aucun bagage et, aussi, qu'on ne répond pas de les rendre à leur destination. On espère, cependant, pouvoir encore assurer un service plus ou moins désorganisé jusqu'à 6 heures du soir. Beaucoup d'officiers de la réserve et de la territoriale, ainsi que des sous-officiers et des soldats appartenant à des armes spéciales et dont les dépôts sont très éloignés de Vichy, partent ce matin-là, 2 août. Toute la journée, et à tous les trains qu'on peut former soit du côté de Saint-Germain-des-Fossés, soit du côté de Courty, l'empressement à partir des voyageurs civils ou militaires sera le même et, cela, jusqu'à l'heure où l'on ne distribuera plus aucun billet.

J'entre dans le hall de la gare qui est, comme la place, très encombré; j'y trouve Louis Blanchonnet, en capitaine d'artillerie, qui attend le train qui doit l'emmener à Bourges. Il me dit son espoir patriotique et son grand désir de faire tout son devoir; il me dit, aussi, l'incertitude de son lendemain et, les yeux un peu mouillés de larmes, il me recommande, s'il lui arrive malheur, de veiller sur sa gentille petite famille qui est là, près de lui. Je ne puis résister à l'émotion qui m'étreint; je lui serre la main du mieux que je peux et, sans rien dire, je le quitte et me sauve bien loin de cet attristant spectacle.

Je marche plus d'une heure dans l'avenue des Célestins, dans les Nouveaux Parcs, et, lorsque, un peu remis de l'angoisse qui m'a fort déprimé, je me décide à rentrer avenue des Cygnes en passant par le bureau de poste, je puis lire, collée après l'Etablissement Thermal de 1re classe, rue de cet Etablissement Thermal, à l'angle de cette rue et de la rue Lucas, la proclamation suivante :

« A LA NATION FRANÇAISE

« Depuis quelques jours, l'état de l'Europe s'est
« considérablement aggravé en dépit des efforts de
« la diplomatie.

« L'horizon s'est assombri : A l'heure présente la
« plupart des nations ont mobilisé leurs forces.

« Même des pays protégés par la neutralité ont
« cru devoir prendre cette mesure à titre de précau-
« tion ; des puissances, dont la législation constitu-
« tionnelle et militaire ne ressemble pas à la nôtre,
« ont, sans avoir pris un décret de mobilisation,
« commencé et poursuivi des préparatifs qui équiva-
« lent, en réalité, à la mobilisation même, et qui n'en
« sont que l'exécution anticipée.

« La France qui a toujours affirmé ses volontés
« pacifiques, qui a, dans des jours tragiques, donné
« à l'Europe des conseils de modération et un vivant
« exemple de sagesse, qui a multiplié ses efforts
« pour maintenir la paix du monde s'est elle-même
« préparée à toutes les éventualités et a pris, dès
« maintenant, les premières dispositions indispen-
« sables à la sauvegarde de son territoire.

« Mais notre législation ne permet pas de rendre
« ces préparatifs complets s'il n'intervient pas un
« décret de mobilisation.

« Soucieux de sa responsabilité, sentant qu'il man-
« querait à un devoir sacré s'il laissait les choses en
« l'état, le Gouvernement vient de prendre le décret
« qu'impose la situation.

« La mobilisation n'est pas la guerre.

« Dans les circonstances présentes, elle apparaît,
« au contraire, comme le meilleur moyen d'assurer
« la paix dans l'honneur.

« Fort de son ardent désir d'aboutir à une solution
« pacifique de la crise, le Gouvernement, à l'abri de
« ces précautions nécessaires, continuera ses efforts
« diplomatiques et il espère encore réussir.

« Il compte sur le sang-froid de cette noble nation
« pour qu'elle ne se laisse pas aller à une émotion
« injustifiée; il compte sur le patriotisme de tous
« les Français et sait qu'il n'en est pas un seul qui
« ne soit prêt à faire son devoir.

« A cette heure, il n'y a plus de partis, il y a la
« France éternelle, la France pacifique et résolue.
« Il y a la Patrie du Droit et de la Justice, tout
« entière unie dans le calme, la vigilance et la
« dignité. »

« Le Président de la République Française:

« Raymond POINCARÉ.

« *Le Président du Conseil, Ministre des Affaires*
 « *Etrangères:* René VIVIANI.

« *Le Ministre de l'Intérieur:* L. MALVY.

« *Le Ministre de la Guerre:* MESSIMY.

« *Le Ministre de l'Instruction Publique et des Beaux-*
 « *Arts:* AUGAGNEUR.

« *Le Ministre du Commerce, des Postes et des Télé-*
 « *graphes:* THOMSON.

« *Le Ministre des Colonies:* RAYNAUD.

« *Le Sous-Secrétaire d'Etat du Ministère des Affai-*
 « *res Etrangères:* Abel FERRY.

« *Le Sous-Secrétaire d'Etat du Ministère de l'Inté-*
 « *rieur:* P. JACQUIER.

« *Le Sous-Secrétaire d'Etat aux Beaux-Arts:* DALI-
 « MIER.

« *Le Garde des Sceaux, Ministre de la Justice:*
« BIENVENU-MARTIN.

« *Le Ministre des Finances:* J. NOULENS.

« *Le Ministre de la Marine:* GAUTHIER.

« *Le Ministre des Travaux Publics:* René RENOULT.

« *Le Ministre de l'Agriculture:* Fernand DAVID.

« *Le Ministre du Travail et de la Prévoyance Sociale:*
« COUYBA.

« *Le Sous-Secrétaire d'Etat du Ministère de la*
« *Guerre:* LAURAINE.

« *Le Sous-Secrétaire d'Etat de la Marine Marchan-*
« *de:* AJAM. »

La mobilisation n'est pas la guerre! C'est bien là
mon espoir, et je suis un peu réconforté de lire cela.

A déjeuner, nous dissertons fort, Maurice et moi.
C'est, du reste, lui qui m'a provoqué. Selon sa manière
serrée et précise, il me pousse de suite dans mes
derniers retranchements et ironise à mon égard de
la belle façon. Il critique l'absolutisme de mon esprit.
Il prétend que sa méthode philosophique vaut mieux
que la mienne, car elle ne peut lui permettre d'affirmer, comme la mienne, qu'il n'y aura jamais plus de
guerre en Europe; que toute guerre de ce genre,
grâce à la civilisation et à la science; grâce, par
conséquent, aux progrès réalisés dans les armements
et la fabrication des engins de destruction, est désormais impossible. Or, les événements présents établis-
sent, terriblement, la fragilité de toutes mes belles
affirmations d'antan et d'aujourd'hui; mon pacifisme
fait faillite; en tous cas il est, à l'heure actuelle, en
bien mauvaise posture.

Je réponds, du moins mal que je peux, que ce n'est
pas encore la guerre, mais seulement la mobilisation
et je lui sers, tout chaud, la phrase de Poincaré qu'il
n'a pas encore lue: « *La mobilisation n'est pas la
guerre!* » — « Ne t'illusionne donc pas toujours, mon

« cher père, me répond mon petit, c'est la **guerre,**
« c'est même la longue guerre, quoi que tu en penses
« et quoi que tu en dises, car les hommes sont loin
« d'être aussi sages que tu les voudrais; crois-moi,
« nous n'en sommes pas encore à la fraternité uni-
« verselle. En attendant, il faut nous préparer tous
« à de dures épreuves. »

Je ne veux pas avouer, tout à fait, ce jour-là, que
je préjuge mal de l'avenir, lorsque, dans mes discussions je pose, encore, comme un principe intangible,
que toute guerre, en Europe, est depuis longtemps
devenue impossible. Je me prends même à vouloir, à
cette minute suprême, démontrer qu'en admettant
que ce soit la guerre, ce que je ne crois pas, ce ne
sera, en tous cas, qu'une guerre d'un mois au maximum, car la destruction des hommes sera telle, dans
ce mois que, d'un commun accord, les nations déci-
deront, alors, **de ne pas** aller plus loin; de ne pas
continuer à s'anéantir; de ne pas arrêter plus longtemps leurs vies politiques, économiques et sociales.

Maurice, très sceptique, me répète, une fois de
plus, que, là comme ailleurs, je m'illusionne fort, que
je prends mes désirs de pacifiste trop absolu pour
des réalités, et qu'il voit, lui, au contraire de moi, la
guerre **très prochaine,** très longue, très difficile, très
acharnée de toutes les parts.

Dans l'après-midi, Jules Modanel vient, en sergent
du 92e régiment d'infanterie, nous faire ses adieux.
Il part, le lendemain, pour Clermont-Ferrand sans
espoir de retour. Je lui remonte le moral le plus que
je peux, mais, hélas! sans grande conviction. Il a
déjà fait, à Maurice, toutes ses recommandations de
garçon et de fils unique et aimé; je sais qu'il lui a
dit son pressentiment d'être tué et de ne plus revoir
Vichy.

Le train de quatre heures trente, venant de Paris,
n'a amené aucune messagerie. Nous n'avons donc eu
aucun journal de la capitale le matin du 2 août 1914.

Je vais au bureau de poste, vers trois heures du soir, pour savoir si, avant la nuit, il nous en viendra quelques-uns. Calme plat, du moins en apparence, chez cet excellent M. Charles: les communications télégraphiques et téléphoniques sont, en grande partie, supprimées pour le public, et le peu de correspondance que l'on reçoit ne donne pas très à faire aux nombreux facteurs qui ne sont pas mobilisés.

M. Charles, qui me voit en quête de nouvelles, vient me serrer la main et m'emmène dans un coin de la salle où, très confidentiellement, il me glisse tout doucement dans le tuyau de l'oreille que Paris vient de lui dire que Garros s'est précipité, avec son appareil, sur un zeppelin portant quarante généraux allemands et survolant la frontière française. Le zeppelin déchiré s'est entièrement dégonflé et ça été, par terre, après la chute, une bouillie épouvantable de boches galonnés. On ne sait pas exactement ce qu'est devenu Garros. Puis, il m'affirme qu'il n'y aura pas plus de journaux de Paris ce soir que ce matin. Je quitte M. Charles, en le remerciant chaudement de son indiscrétion, et je trouve, sous le passage couvert, près le magasin de l'orfèvre Lyon, Eugène Faucheux, dit « Chabinet », à qui je confie très confidentiellement la nouvelle que je viens d'apprendre. Je traverse le Casino: point d'Havas. Berger me dit qu'il sait qu'il est arrivé des *Moniteur du Puy-de-Dôme*, mais qu'il n'a pu en avoir un seul pour la salle de lecture. Je me mets à la recherche de ce journal. Chez son dépositaire, celui-ci me confie qu'il en a reçu 400 exemplaires par automobile, mais qu'il ne lui en reste plus un depuis longtemps. J'en trouve un numéro, très usagé, chez l'épicier de la rue Rambert. Je le paye vingt centimes et n'y vois rien autre chose d'officiel que la reproduction des affiches de la *mobilisation générale* et de l'*appel à la Nation Française*, affiches que j'ai lu, hier et aujourd'hui, collées sur les murs de Vichy. Cependant, j'y trouve une dépêche de Rome au *Matin* qui parle d'un ultimatum, à la France et à la Russie, lancé par l'Alle-

magne, et je prends grand plaisir à parcourir **rapi**-
dement la belle lettre adressée par le président de la
République à Mme Jaurès à propos de l'assassinat
de son mari.

Avant dîner, je retourne au Casino voir s'il y a,
enfin, une dépêche Havas. Rien, absolument rien.
Mais Méry m'apprend la glorieuse affaire Garros et,
de tous côtés, je n'entends parler que de cela. En
revenant à la maison, dix personnes, au moins,
m'accostent en me demandant si je connais la nouvelle : « Garros a crevé un dirigeable, et quarante
« généraux, parmi lesquels se trouve le kronprinz,
« sont en marmelade ! » Je suis effrayé de la rapidité
avec laquelle mon indiscrétion s'est répandue dans
Vichy, d'autant plus que maintenant ce haut fait me
paraît quelque peu invraisemblable. Il a du y avoir,
à la poste, d'autres fuites que la mienne ; car, moi,
je n'ai jamais parlé du kronprinz. Et puis Faucheux,
seul, n'a pu, en quelques heures, informer tout le
monde. Je sais bien qu'il a dû dire ce qu'il savait à
Chaussard, à Chargueraud, à Biron, aux deux Dubessay — Gilbert et Alfred —, et au père Combet, mais
cela n'est pas suffisant pour que, déjà, Vichy tout
entier vibre si patriotiquement. Et si cette importante victoire aérienne n'était qu'un canard ? Je suis
quelque peu ennuyé de n'avoir pas gardé le secret
que M. Charles m'avait confié. Pourvu que tout ce
bruit, si le fait est faux, ne lui cause pas des ennuis ?

A dîner, Maurice raconte, à son tour, ce qu'il
appelle « la fausse nouvelle Garros ». Je lui dis d'où
vient cette nouvelle et comment elle s'est peut-être
propagée, en partie, par mon intermédiaire. Tout le
monde, chez moi, me blâme de n'avoir pas gardé pour
moi seul ce que le receveur de la poste avait bien
voulu me confier. Maurice va même plus loin : il
prétend que devant une telle invraisemblance — 40
généraux réunis dans le même zeppelin — j'aurais
dû être plus circonspect, j'aurais dû rire comme il
l'a fait lui-même quand on lui a raconté une pareille
balourdise. Je crois que les miens ont raison ; j'aurais

du être plus clairvoyant et ne pas aider, consciemment, comme je l'ai fait, je l'avoue à ma honte, à la divulgation d'un récit qui a dû être inventé, de toutes pièces, par un joyeux farceur parisien et rapidement répandu, en France, par les conversations « télégraphiques » que Messieurs les P.T.T. ont souvent ensemble d'un bout du fil à l'autre.

Maurice m'apprend que, s'il y a une demande officielle du maire, la Société des Courses versera à la Caisse municipale, pour être employée à des secours à distribuer aux indigents et aux nécessiteux que va créer la guerre, les cent mille francs du Grand Prix qui devait se courir aujourd'hui et qui a été annulé, comme tous les autres prix qui restaient à courir et qui constituaient la grande semaine de Vichy de 1914. Je fais remarquer qu'il ne manquerait plus que M. le vicomte d'Harcourt et ses collaborateurs conservassent, dans leur coffre-fort, de l'argent qui leur avait été confié dans un but spécial alors que ce but n'a pas pu être atteint. Et je persiste à faire remarquer à mon fils que ce n'est pas encore la guerre et que j'espère bien que, devant l'énormité du crime à commettre, les bons ou mauvais pasteurs des peuples d'Europe vont avoir, enfin, la lueur de sens commun qui les rappellera tous à la raison et qu'ils n'en viendront certainement pas à lancer, les uns contre les autres, pour s'entretuer, à propos de rien, des millions d'hommes qui ne se connaissent pas et qui ne demandent qu'une chose, c'est qu'on les laisse en paix poursuivre leur labeur quotidien et vivre tranquillement leur vie quelle qu'elle soit.

Après dîner, nous sortons quelques instants, Gabrielle et moi. Il semble, à voir le parc et le Casino si déserts, à voir le peu de monde qu'il y a dans les rues, que nous sommes déjà au vingt septembre et que nous touchons à la fin de la saison. Cependant, il fait terriblement chaud. Avant de rentrer, nous allons sur le quai où nous trouvons le docteur Nivière. Henri Nivière a appris, hier, à Moulins, la mobilisation ; il est rentré aussitôt à la Motte et il a pris, le soir même, à Bessay, le train pour Lyon où il se trouve maintenant. Gilbert a reçu un mot de son neveu, ce matin même. Le « professeur » est optimiste, très optimiste; il ne croit pas que la guerre ait une longue durée. Je lui dis mon suprême espoir dans la sagesse des gouvernants pour éviter le fléau dont il parle comme d'une chose toute naturelle et inévitable maintenant. Il essaye de me préparer à la perte de ma dernière illusion, mais je ne veux pas me laisser faire. Seuls, chez nous, nous nous disons, ma femme et moi, combien il doit y avoir de peine, à cette heure, en France et combien de mères, combien d'épouses doivent verser des larmes et maudire ceux, quels qu'ils soient, qui les font souffrir. Gabrielle, dans un accès de violence, s'en prend un peu à tout le monde du malheur qu'elle sent venir à grands pas et qui va accabler la France; je l'appaise de mon mieux en essayant de lui donner un peu de mon dernier espoir; enfin, une crise de larmes, qui se prolonge assez longtemps, calme ses nerfs et la remet dans son état normal.

Lundi 3 août 1914. — J'ai fait la grasse matinée: il est plus de sept heures quand je descends du lit. Comme hier, aussitôt dehors, je me dirige du côté de la gare pour me rendre compte de la façon dont s'exécute la mobilisation. Il est bien certain que c'est aujourd'hui qu'il doit y avoir le plus d'à coups, le plus d'imprévus et que si tout marche bien ce 3 août, « *second jour de la mobilisation* », tout marchera mieux encore dans la suite.

En passant devant l'Hôpital militaire, je m'arrête stupéfait. Dans la cour d'honneur, devant le bâtiment central, je vois, faisant les cent pas, un « citoyen » harnaché d'une si drôle de façon que je ne puis réprimer, malgré mes inquiétudes et mon angoisse du moment, un gros éclat de rire. Il est galonné sur toutes les coutures, il a des bottes, des éperons, un sabre, un pistolet, un brassard blanc avec croix rouge, des gants fourrés, un manteau sur un bras et un caoutchouc sur l'autre. Malgré moi, je pense à l'arrivée fameuse de Tartarin de Tarascon au Rigi-Kulm et mon rire augmente. Je questionne le sergent-concierge pour savoir vers quelle frontière dangereuse on va diriger un tel foudre de guerre. Ma stupéfaction augmente quand j'apprends qu'il est déjà rendu à son poste, qu'il est attaché à l'Hôpital militaire de Vichy et qu'il lui a suffit, pour être en selle et prêt à reprendre l'Alsace et la Lorraine, de faire, à pied, le trajet, sur trottoirs bitumés, de la rue Chomel à la place Lucas. Et c'est pour cela qu'il a mis des bottes et des éperons. Ceux-ci, du reste, semblent considérablement le gêner. Il m'apparaît qu'en pareille circonstance M. Homais, pharmacien à Yonville, n'aurait pas été plus fini, plus achevé, plus grotesquement et ridiculement béotien, plus... Homais, enfin.

Déjà, il y a une queue devant la banque de France où, pour canaliser le public, on a aménagé des barricades en bois que surveillent deux agents de police. Depuis plusieurs jours, on prend d'assaut les guichets de tous nos établissements financiers, soit pour avoir de la monnaie, soit, surtout, pour retirer des fonds. Les retraits de dépôts commencent à devenir inquiétants. On disait couramment, hier, que si le gouvernement n'y mettait pas rapidement le holà! la Société Générale allait sauter au premier jour, car déjà elle avait refusé de payer et avait dû, sous un prétexte quelconque, fermer ses guichets. Le Crédit Lyonnais et le Comptoir National d'Escompte ne sont guère plus solides qu'elle; il n'y a que la Banque de France qui pourrait résister à une telle panique et encore... et encore à la condition qu'une loi prochaine établisse le *cours forcé* de ses billets.

Le *Moniteur du Puy-de-Dôme* n'est pas encore arrivé; mais je m'en assure un numéro pour quand il sera là. Naturellement, il n'y a au dépôt, vis-à-vis chez Pajot, aucun journal de Paris. Depuis hier soir, six heures, les chemins de fer ne transportent plus ni messageries, ni voyageurs.

La place de la Gare est entièrement encombrée de mobilisés et de leurs familles qui les accompagnent. De tous côtés, je dis des adieux et je serre des mains qui se tendent vers moi. Il y a là, outre les réservistes de Vichy et de Cusset — ceux-ci sont arrivés vers six heures, musique en tête — tous ceux du canton de Cusset et aussi ceux de Saint-Yorre, du Vernet, d'Abrest, de Bellerive, de Brugheas et d'Hauterive. Georges Croisier passe près de moi en tenue de voyage; très ému, je lui fais mes adieux et lui souhaite un prompt retour. Comme tous, il me dit que ce sera fini en quelques mois. Ceux qui s'en vont, lui comme ses camarades, me paraissent beaucoup moins souffrir que ceux des leurs qui restent et vont les attendre. Dans la gare, on ne peut pas circuler. Des trains complets partent toutes les dix minutes, aussi bien dans la direction Nord que dans la direction Sud. L'ordre est parfait, il n'y a aucun retardataire. Je crois que cette grosse affaire qu'est la mobilisation générale des armées de terre et de mer n'apportera aucune désillusion à ceux qui, depuis longtemps, travaillent à sa préparation. J'en suis content pour la France d'abord, pour la France surtout, mais aussi pour Monsieur Messimy, ministre de la Guerre, qui préside à cette mise sur pied de toutes les forces dont peut disposer la République pour répondre rapidement à une attaque quelconque d'où qu'elle vienne.

A dix heures, on me remet le *Moniteur du Puy-de-Dôme* qui vient d'arriver en automobile et qui est réduit à deux pages seulement. En redescendant du côté des Quatre-Chemins, je lis les dépêches qu'on a reçues, à Clermont, hier, alors qu'ici nous n'en avons eues aucune. C'est ainsi que j'apprends la déclaration de guerre de l'Allemagne à la Russie. De Saint-Pétersbourg, on télégraphie, le 2 août, que le 1er août, à sept heures trente du soir, l'ambassadeur d'Allemagne a remis, au nom de son gouvernement, la déclaration de guerre au ministre des Affaires Etrangères russe. D'autres dépêches disent que M. Iswolsky a informé, à onze heures du soir, le 1er août, notre ministre des Affaires Etrangères de cette déclaration de guerre; que la mobilisation générale de l'armée allemande est ordonnée et que le grand duché du Luxembourg est déjà envahi.

Ces nouvelles m'enlèvent ma dernière illusion: Maurice avait raison de dire que c'était, pour la France, la guerre prochaine, la guerre fatale. Nous n'allons pas, en effet, pouvoir laisser notre alliée sans secours; il va nous falloir marcher, d'autant plus qu'il semble bien que la triplice prend les devants et veut brusquer les choses avec nous. Et je me prends, en cette heure terrible, à regretter, une fois de plus, que notre chauvinisme ou du moins que nos chauvins, que nos cocardiers qui s'accomodent bien, cependant, de l'alliance avec le Russe, notre vainqueur et notre maître de 1815, et de l'entente cordiale avec notre éternel ennemi l'Anglais, nous ont toujours empêchés de tenter l'alliance franco-allemande, la seule, étant donné la force de nos voisins, qui put assurer à tout jamais la paix de l'Europe. J'ai toujours été partisan, malgré 1870-71, de cette alliance pratique et garante pour nous de tous risques belliqueux, convaincu qu'après elle la question de l'Alsace-Lorraine se serait réglée très facilement à notre profit, moyennant la constitution, grâce à nous, d'un empire colonial germanique. Et j'aurais voulu qu'il en fut ainsi malgré les Déroulède et autres patriotards boulangistes ou nationalistes et, aussi, malgré que Jaurès, dont je ne partageais aucune des idées collectivistes et internationalistes, en fut le principal promoteur. L'*Internationalisme!* Il est, déjà, du reste, en pleine faillite. Le *Moniteur du Puy-de-Dôme* annonce, en effet, qu'hier, à la Salle Wagram, une réunion socialiste a voté un ordre du jour patriotique, et il publie la lettre ci-dessous adressée au ministre de la Guerre, lettre qui confirme la banqueroute de cet internationalisme au moment même où il devait entrer en scène:

« Paris, 2 août 1914.

« Monsieur le Ministre,

« Quand j'avais vingt ans, je me suis fait réfor-
« mer parce que j'étais soutien de famille, en arguant
« de ma myopie.

« Malgré ma myopie et mes quarante-trois ans, je
« suis parfaitement capable de faire campagne.
« Comme, dans la guerre qui va éclater, la France
« me semble avoir fait l'impossible pour écarter la
« catastrophe, je vous prie de m'incorporer, par
« faveur spéciale, dans le premier régiment d'infan-
« terie qui partira pour la frontière.

« Après m'avoir chassé de l'Université, rayé du
« Barreau, condamné à plus de onze ans de prison,
« sous prétexte que je manquais de patriotisme,
« alors que tout mon crime, comme celui de mon
« parti et de la C.G.T., était de prévoir de loin et
« de vouloir empêcher la catastrophe d'aujourd'hui,
« vous estimerez, j'en suis sûr, avec moi, que la
« République me doit cette éclatante réparation.

« Vive la France! — tout court.

« Je vous prie d'agréer, Monsieur le Ministre,
« l'assurance de mon absolu dévouement à la Répu-
« blique.

« Gustave HERVÉ. »

J'apprends encore, par le journal, que M. Linarès,
préfet de l'Allier, est nommé préfet des Vosges et
est remplacé, à Moulins, par le fils du pharmacien
Peytral, sénateur des Bouches-du-Rhône.

M. Linarès était un fonctionnaire aimable, que
j'aimais beaucoup et qui, souvent, m'avait donné des
preuves du désir qu'il avait de toujours m'obliger.
Je lui envoie, du cercle où je monte pour cela, un
mot regrettant le départ de l'ami et félicitant l'administrateur qui s'en va, avec avancement, vers un
poste dangereux et difficile.

Je vais déjeuner à Beauregard où j'ai quelque peu à faire.

J'en reviens vers trois heures et je me rends, par acquit de conscience, à la poste voir si, dans ma boîte, il n'y a point de lettres ou de journaux. Mon *34* est absolument vide. M. Charles me fait entrer dans son cabinet et me raconte que l'affaire Garros a fait un bruit énorme; qu'on a demandé, de Vichy, un peu partout et officiellement, la confirmation de la nouvelle; que cette confirmation n'est pas venue; que, devant l'agitation administrative et militaire qui en est résulté, son directeur, par ordre du préfet, s'est ému; qu'on l'accuse, lui, Charles, d'être le divulgateur de cette fausse nouvelle; qu'une enquête est ouverte à propos des indiscrétions du bureau de poste de Vichy; que cela, sans trop le préoccuper, l'embête quelque peu. Je me garde bien de lui dire que je suis un de ceux qui n'ont pas su conserver le secret qu'il m'avait confié la veille; du reste, j'apprends, avec une certaine satisfaction, que d'autres que moi ont aussi trop parlé.

Au reste, M. Charles ne me paraît pas s'émotionner outre mesure; il est trop vieux fonctionnaire et trop habitué aux enquêtes de son administration pour se mettre martel en tête à propos d'un incident insignifiant de sa carrière; il en a vu bien d'autres. Je le quitte, ainsi, moins préoccupé à son endroit qu'au début de notre conversation. Je lui dis que je vais au Casino, pour voir s'il y a quelques dépêches affichées; mais j'abandonne ce projet sur son affirmation qu'il n'est encore rien arrivé à son bureau, aujourd'hui, venant de l'agence Havas.

Je rentre chez moi corriger des épreuves que mon imprimeur de Moulins, M. Crépin-Leblond, m'a envoyé il y a déjà plus de huit jours.

Après dîner, je vais, seul, au Casino, voir s'il est arrivé des télégrammes. Je lis ce qui suit, affiché par morceaux et successivement depuis quatre heures :

« Allemagne adressa à Belgique ultimatum de-

« mandant si était décidée à participer dans opé-
« rations militaires allemandes. Belgique refusa
« avec indignation.

« Conseil Ministres matinée hier décida convoquer
« Chambres pour lendemain 3/8. Poincaré signa
« décret établissant état de siège France et Algérie.
« Etat de siège sera maintenu toute durée guerre.

« Malvy suspendit récents décrets relatifs ferme-
« ture et dissolution congrégations.

« Conseil amirauté ordonna mobilisation générale
« flotte britannique. Tous mobilisables jusqu'à 55
« ans tenus rejoindre immédiatement postes.

« Mobilisation générale ordonnée Suisse et Suède.

« Madrid. — Flotte anglaise captura deux navires
« commerce allemands.

« Berlin. — Source belge. Cosaques avec artillerie
« pénétrèrent Allemagne près Balia. »

Ce qui me frappe surtout, dans cette lecture, et ce
à quoi, surtout, je réfléchis en rentrant chez moi par
la rue Strauss et le boulevard National, c'est que nous
sommes en état de siège.

L'état de siège! c'est l'arbitraire militaire dans
toute son horreur et dans tout ce qu'il a de plus
tyrannique; c'est la suppression de toutes nos libertés, de celle de la presse comme de celle de la parole;
de celle de circuler comme de celle de se réunir; c'est
l'obsession continuelle d'être épié, surveillé, dénoncé;
c'est la justice répressive civile remplacée, partout,
par les Conseils de guerre; c'est le régime le plus
odieux qu'on puisse imaginer. *J'ai peur!*

Je trouve, en rentrant, ma chère femme en prières,
près de son lit; je lui dis les mauvaises nouvelles;
je lui dis ma crainte du sabre qu'elle partage, du
reste, car elle n'a jamais pu souffrir la mentalité
de certains officiers : elle, aussi, a peur, peur du
présent, peur de l'avenir, peur de tout.

Mardi 4 août. — J'ai, ce matin, le *Moniteur du
Puy-de-Dôme* plus tôt que les jours précédents. La

voiture rapide qui l'amène arrive, ici, vers six heures
et demie. Je l'ai attendu, avec Nivière, au dépôt des
journaux près la mairie et la gare. Je sais déjà, par
les Havas de la veille, une partie de ce qu'il annonce.
Cependant, j'apprends, par lui, que les Chambres ne
se sont pas réunies hier, mais qu'elles sont convo-
quées pour aujourd'hui, afin de permettre à d'assez
nombreux parlementaires, se trouvant dans des départements éloignés, de pouvoir rejoindre Paris
suffisamment à temps pour assister aux séances, tant
au Palais-Bourbon qu'au Luxembourg. J'y lis, aussi,
« que le marquis de San Guiliano, président du
« Conseil des Ministres d'Italie, a fait savoir à l'am-
« bassadeur d'Allemagne que l'Italie resterait neutre,
« son alliance avec la triplice l'engageant seulement
« en cas de guerre défensive. L'Italie se considère,
« en effet, comme déliée de ses engagements ; la
« guerre faite par l'Autriche, appuyée par l'Alle-
« magne, étant une guerre essentiellement offen-
« sive. » J'y lis, encore, les trois dépêches qui sui-
vent et qui, pour moi, sont fort intéressantes :

« Paris 3 août. — Les renseignements parvenus
« au sujet de la concentration des troupes sont des
« plus satisfaisants. La marche des trains militaires
« s'effectue avec une régularité remarquable. Les
« opérations de couverture ont pu s'effectuer à la
« complète satisfaction des autorités militaires.

« Paris 3 août. — Une affiche du ministère des
« Finances annonce un moratorium prorogeant les
« échéances jusqu'au 31 août. Le moratorium con-
« cerne également les dépôts et les comptes courants.
« Les déposants peuvent retirer au maximum 250
« francs et 5 % du surplus. »

« Londres 3 août. — La flotte anglaise mobilisée
« se trouve actuellement à l'entrée de la mer du
« Nord. Le gouvernement a demandé au parlement
« un crédit défensif de 50 millions de livres ster-
« ling. »

Enfin, le journal contenait le premier *communi-*

qué officiel qui suit, communiqué que la préfecture de l'Allier a dû recevoir hier soir, mais qu'elle n'a pas transmis aux communes, à cause de l'heure tardive à laquelle il était arrivé à Moulins :

« Paris, 3 août.

« Le gouvernement a décidé de transmettre tous « les jours aux préfets et sous-préfets des rensei- « gnements officiels, pour être portés à la connais- « sance des populations.

« Voici les renseignements officiels d'aujourd'hui :

« 1° Violation de frontière avec réquisition de « bestiaux, sur quelques points, par des détache- « ments allemands, notamment aux environs de « Belfort ;

« 2° Le gouvernement italien a notifié officielle- « ment au gouvernement français la déclaration de « neutralité de l'Italie ;

« 3° Pour des raisons de santé, M. Gauthier, mi- « nistre de la Marine, a offert sa démission. Il est « remplacé par M. Augagneur.

« M. Albert Sarraut est nommé ministre de l'Ins- « truction publique ;

« M. Viviani, désirant concentrer toute l'action « gouvernementale dans ses mains et se donner tout « entier à ses responsabilités, garde la présidence « du Conseil sans portefeuille ;

« M. Doumergue est nommé ministre des Affaires « étrangères ;

« MM. Abel Ferry et Jacquier, sous-secrétaires « d'Etat, ont spontanément offert leurs démissions « pour rejoindre leurs postes de mobilisation. Le « Conseil des Ministres les a félicités de leur patrio- « tisme. Ils rejoindront leurs postes : Verdun et « Annecy. Mais le Conseil a repoussé leurs démis- « sions. »

Tout en lisant, je suis descendu jusqu'à l'ancien Parc. J'y rencontre Cornillon qui, lui aussi, court après les nouvelles. Je lui communique les miennes; lui ne sait rien que je ne sache. Mais il ne doute pas que ce soit la guerre et, à son endroit, il est plutôt pessimiste. Il croit bien que la République peut retrouver ses soldats de 92 et aussi ceux du premier Empire; mais, hélas! il n'aperçoit nulle part le génie qui les mènera à la victoire. Non seulement Cornillon ne voit poindre, à l'horizon, ni *son* petit chapeau, ni *sa* redingote grise; mais, même, il cherche en vain, dans nos états-majors actuels, quelques petits descendants de ses grands maréchaux qui, en France, fondèrent avec lui la dynastie de cette gloire militaire qui sombra, si piteusement, le 3 septembre 1870, à Sedan. Il craint, somme toute, que notre tête ne soit pas à la hauteur des terribles circonstances en présence desquelles elle va se trouver, et il en augure mal pour l'avenir.

Je lui dis qu'il ne me semble pas que l'empereur Guillaume soit mieux partagé que nous, sous le rapport du commandement. Il est, tout le monde le sait, un grand admirateur de Napoléon Ier; mais, jusque là, il n'a fait que l'admirer et n'a rien à son actif qui puisse permettre de supposer qu'il l'égalera un jour. Son grand état-major n'a plus le feld maréchal de Molke, le de Molke de Bismarck et de de Roon; il ne faut pas confondre, en effet, le neveu de ce jour, le de Molke de Guillaume II avec celui de Guillaume Ier.

Notre excellent camarade Batilliat a toute confiance, il me le disait encore hier, dans le généralissime Joffre, qui a été son ancien à l'école polytechnique et à l'école d'application du génie de Fontainebleau. Il le croit fort capable de mener à bien la lourde tâche qui lui incombe.

L'opinion de Batilliat ne rassure pas du tout Cornillon. Je le trouble davantage, encore, en lui développant ma thèse favorite: « un peuple libre ne peut pas être un peuple guerrier ». Je crains que, chez nous, non seulement notre commandement, mais surtout notre armée ne puisse résister au premier choc de l'Allemand. Depuis quarante-quatre ans, notre voisin, asservi et obéissant à son empereur, à cet empereur qui, pour lui, est plus qu'un demi-dieu, augmente silencieusement et continuellement sa force militaire. Chez nous, au contraire, il n'est pas une seule réforme qui touche à notre armée qui ne soit, généralement, critiquée par quelques partis politiques et discutée longuement à la tribune, la plupart du temps par des gens incompétents et qui ne savent rien de la question qu'ils traitent. Cela ne peut donner et n'a certainement donné, jusque là, que des résultats déplorables. Il n'y a pas, en France, la tête unique et toute puissante, indispensable pour qu'une grande nation puisse poursuivre un but militaire lointain à atteindre quand le jour sera venu. Nous sommes à peu près comme les anglais, comme les américains, comme toutes les nations où le peuple est maître de son sort, que ce peuple soit en République ou sous un régime parlementaire quelconque : *Nous ne sommes pas un peuple guerrier !* Et la preuve de ce que j'avance, c'est que pour transformer, du jour au lendemain, notre pacifisme civilisateur en un militarisme barbare, nécessaire si l'attaque que l'on prévoit se produit, la première chose qu'il faut faire et qu'on a, du reste, déjà faite, c'est de mettre la France en état de siège, c'est-à-dire de lui supprimer, d'un seul coup, toutes ses libertés pour la placer sous le régime du sabre le plus absolu et le plus autoritaire.

Il est dix heures un quart. Nous rentrons au Casino, pour voir s'il n'y a rien de nouveau. Comme nous y arrivons, le petit Driffort, dit Chocolat, affiche la dépêche suivante, qui a été remise à Méry à dix heures huit :

« Après demande passeports Schoen a remis gou-
« vernement français hier soir 7 h. 1/2 note décla-
« rant gouvernement allemand se considérant comme
« en état de guerre avec la France. »

Je quitte Cornillon et vais à l'Hôpital militaire voir mon excellent ami le docteur Lambert qui a dû reprendre le « harnois », depuis avant-hier, car je sais qu'il est médecin-chef de cet Hôpital militaire et de la place de Vichy. Je le trouve dans ce même cabinet où je l'ai vu bien souvent, autrefois, alors qu'il n'était que médecin principal de seconde classe et médecin chef de l'Hôpital thermal militaire de Vichy.

Je lui annonce la déclaration de guerre, qu'on vient d'afficher au Casino, et je lui dis le but de ma visite : mettre mes modestes services *civils* et *gratuits* à la disposition du gouvernement qui pourra, à Vichy, m'utiliser, si besoin est, là où il croira que je peux être utile à quelque chose. Il me remercie, et nous causons.

Il me parle de l'organisation des hôpitaux temporaires de Vichy ; il me dit le travail énorme qu'il a en perspective pour que tout cela marche militairement ; il me développe des théories bizarres qui me font le considérer avec un certain étonnement et, enfin, me montrant du doigt des infirmiers, arrivés du matin même, qui passent, en débandade, devant sa croisée, tous un peu dépaysés dans ce vaste immeuble qu'ils ne connaissent pas encore, il me dit, l'air très en colère : « Vous ne croiriez pas, mon cher, « que, tout à l'heure, en faisant ma ronde, je suis « entré dans une chambrée de la caserne où ces « lapins se vautraient sur des paillasses et que « pas un seul ne s'est levé, à mon arrivée, pour « commander : « A vos rangs, fixe! ».

Je considère mon Lambert une fois de plus, avec davantage d'étonnement encore, et je lui dis qu'en effet, si cela commence ainsi, nous ne sommes pas encore à Berlin! Il prend fort bien ma réflexion, sans comprendre, ni remarquer mon ironie. J'en conclus, en mon fort intérieur, que, certainement, la « *galonite* », cette forme de « *méningite très atté-nuée* », existe réellement.

Il n'y a, en effet, aucun doute pour moi : le port du képi et du dolman, ornés d'un peu d'or, a, en quarante-huit heures seulement, diminué considérablement les facultés intellectuelles de Lambert, qui, certainement, avant la mobilisation, alors que, civil lui-même, il administrait si sagement l'Hôpital civil de Vichy, aurait trouvé fort grotesque la vieille culotte de peau qui, devant lui, aurait tenu un pareil langage en un pareil moment.

Le médecin chef de la Place de Vichy et de l'Hôpital militaire de cette ville, qui n'a pas encore de malades ou de blessés à soigner ou à panser, juge qu'il en a assez fait pour ce matin du troisième jour de la mobilisation. Il est, du reste, onze heures et quart. Nous sortons ensemble. Il me prend très familièrement sous le bras et me parle d'un emprunt de cent mille francs que les Hospices civils de Vichy sont obligés de contracter pour faire face à leurs engagements. Il me dit que M. Couband, à qui il a causé de cette situation plutôt gênante, lui a spontanément offert, sans conditions, de faire avancer, par la Compagnie Fermière, à l'administration de l'Hôpital civil de Vichy, un ou deux trimestres du *sou par bouteille.* Mais il a cru devoir le remercier de sa bonne volonté, ne voulant pas, ce qui ne manquerait d'arriver si ses collègues et lui consentaient à accepter cette offre *toute gracieuse* cependant, que la femme de César puisse être seulement soupçonnée. Il me demande, dans ces conditions, mon avis sur ce qu'il convient de faire. Je le lui donne, comme toujours, du mieux que je peux, et, ainsi, tout en causant, nous arrivons dans la rue de Nîmes, à hauteur de la rue du Marché. Il y a, dans ces rues de Nîmes et du Marché, un mouvement inaccoutumé d'allants et de venants. Au bout de la rue du Marché, près la halle couverte, devant chez Lolignier le boucher, nous apercevons une foule énorme qui vocifère et pousse des cris de mort. Quelqu'un passe, près de nous, en courant, et nous jette ces mots : « On casse tout à la *Botte Rouge* ».

Lambert, qui ne veut pas commettre son costume et ses galons avec des émeutiers quels qu'ils soient, et qui, aussi et surtout, ne me semble pas très courageux, s'empresse de me lâcher sans plus attendre, et file comme un zèbre, du côté du parc, par le nouveau passage de l'Amirauté. Moi je vais voir ce qu'il en est. Je puis arriver, à travers bien du monde, jusque devant l'épicerie Collon. Ils sont là six à sept cents hommes, femmes ou enfants, qui « gueulent » à qui mieux mieux et qui ont déjà brisé toutes les glaces du magasin de chaussures du fils Jean, mobilisé cependant, et dévalisé, le plus qu'ils ont pu, les devantures et l'intérieur du magasin. J'entends distinctement les cris : *Voleur! Voleur! A mort la canaille!!!* La police, impuissante, parvient, cependant, à baisser, trop tard, les fermetures de fer. Mais, alors, la foule s'en prend à l'enseigne en verre et aux fenêtres du premier étage.

On me raconte que, déjà, chez l'épicier Berthet, avenue de la Gare, on a tout bousculé et tout saccagé parce que ce commerçant a voulu vendre du sel 0 fr. 50 la livre; puis qu'un réserviste à qui, chez les Jean, on voulait faire payer une paire de brodequins 40 francs, avait ameuté la foule et que, depuis une heure, environ, on corrigeait, ainsi, Jean François et toute sa famille ; on me dit qu'ils sont tous là, les Jean, au second étage de leur maison, enfermés dans une chambre avec leur personnel. Les émeutiers veulent avoir leur peau et prétendent qu'ils l'auront. Un officier d'administration à un galon, M. Garcin, professeur de droit à la Faculté de Lyon, monte sur une voiture de boucher et harangue ce peuple enragé, lui prêchant le calme et la modération. Après un assez long temps, il parvient à le décider à quitter la place. Mais, ne connaissant rien du pays, il a le malheur de le diriger, avec ceux qui veulent bien le seconder dans sa tâche, par la rue du Marché. Lorsque la colonne arrive à la rue de Nîmes, elle se rappelle que la *Boule d'Argent* — l'ancienne mercerie Bégonin-Ballutaud — appartient, maintenant, aux Jean père et fils. Alors, le chambardement recommence. On casse les vitres là comme là-bas; on brise tout, on vole le plus possible, et ce n'est que lorsqu'on a pu fermer le magasin avec ses contrevents de bois **que,** de nouveau, ces assoiffés du lynch peuvent être entraînés, du côté de la place Victor-Hugo, par quelques braves citoyens parmi lesquels je reconnais, au premier rang, en outre de l'officier d'administration Garcin et de la police de Vichy, mon vieil ami Chandèze, qui est toujours là où il y a quelque danger à courir. Je regarde défiler cette bande de gens sans aveu, devant l'église Saint-Louis ; je n'y vois pas une seule figure sur laquelle je puis mettre un nom de connaissance.

Je rentre à la villa, vers midi et demi, fortement émotionné et écœuré par ce que je viens de voir. J'y annonce la déclaration de guerre. Je persiste à croire « que ça ne peut pas durer longtemps » et que, dans un mois, deux mois au plus, toutes les nations belligérantes en auront déjà assez. Maurice est aussi sceptique sur ce point là, qu'il l'était sur l'impossibilité d'une guerre européenne. Il a été voir réquisitionner les chevaux et les voitures et nous donne des détails sur cette partie de la mobilisation qui semble très bien marcher, à Vichy, du moins. Je raconte l'émeute de la rue du Marché telle qu'elle s'est passée. Cela jette un froid sur tous les miens. Aussi, pendant ce repas, nous sommes, les uns et les autres, plutôt mornes et silencieux. Maurice ne triomphe pas trop de ma perte de mon optimisme pacifique. Raymond vient le prendre à une heure et demie. Il a reçu une dépêche de son frère qui est arrivé, sans trop d'encombre, à Belfort. Il n'a point d'autres nouvelles, si ce n'est celle de la déclaration de guerre.

A deux haures, je retourne au Casino. On y a collé une seconde dépêche, reçue à midi précise. Je la copie ; elle est ainsi conçue :

« Ambassadeur Italie notifie officiellement neu-
« tralité au gouvernement français. »

C'est là, pour la France, une chose très importante, qui n'est peut-être pas très à l'honneur de l'Italie, mais qui va nous permettre, puisque la *triplice* devient seulement une *duplice*, de dégarnir notre front des Alpes et de répartir toutes nos troupes de couverture sur l'Est pour pouvoir résister, si possible, à la poussée du barbare.

Je rencontre Chargueraud dans les Nouveaux Parcs où je promène de sombres pensées. Il m'affirme que tous ceux qu'il a vus, depuis midi, sont enchantés et tout joyeux de ce qui est arrivé à Jean François. Lui-même prétend que c'est « pain béni ». Je m'élève contre une pareille opinion et je prétends, qu'à cette heure, surtout, le premier devoir de tout citoyen, sage et sensé, est de prêcher le respect de la propriété quelle qu'elle soit, si l'on ne veut pas voir l'anarchie intérieure venir s'ajouter aux malheurs qui vont nous arriver de l'extérieur. Il fallait qu'on dénonçât les Jean, s'ils ont vraiment voulu profiter des événements actuels pour exploiter ceux qui partent à la frontière ; on les aurait alors arrêtés d'abord, puis jugés et condamnés ensuite et ils auraient bien été forcés de rendre gorge. Tandis qu'au contraire de cela on en fait des victimes intéressantes à qui la Ville sera forcée, un jour prochain, de payer une forte indemnité, tout simplement pour que quelques voyous aient la facilité de troubler, sans encombre, l'ordre public et peut-être, aussi, de voler le plus possible et sans qu'on les voit, aussi bien à la *Botte Rouge* qu'ailleurs, j'en ai la certitude. Chargueraud me quitte. Il ne me paraît pas convaincu qu'on a eu tort de se faire justice soi-même, des Jean, de Berthet et aussi, quelque peu, de Mauxion, qui vend également de la chaussure, rue du Marché.

Avant de rentrer dîner, je lis, au Casino, la troisième dépêche qui suit, reçue à une heure quarante :

« Gouvernement Algérie signale officiellement
« quatre heures matin croiseur à quatre cheminées
« tira soixantaine obus contre Bône tuant un homme
« endommageant quelques immeubles fila ensuite
« vers Ouest où serait engagé avec flotte anglaise. »

Nous évitons autant que possible, Maurice et moi, de causer des événements devant « la maman » qui s'emballe, à chaque instant, et ne peut se faire à l'idée que la France va être forcée de subir la guerre qu'on lui a déclarée et qu'on a déjà commencée. Nous parlons de choses très à côté de tout ce qui se déroule à pas de géants. Berthe, qui n'a pas les emballements pacifiques de sa sœur, nous aide à éviter tout ce qui peut agacer les nerfs très tendus de Gabrielle; Marthe, au contraire, semble portée à ne parler que de la guerre et de ce qu'il va arriver en bien ou en mal. D'un mot, je lui fais comprendre de se taire et elle m'obéit aussitôt.

Comme tous les soirs, nous sortons après dîner; mais, au lieu d'aller sur le quai, nous décidons de monter jusqu'à la mairie pour voir s'il y a, enfin, un communiqué officiel. A sept heures, la sous-préfecture de Lapalisse a téléphoné au maire de Vichy, pour qu'il l'affiche immédiatement, ce qui suit:

« Officiel. — 4 août. 19 heures.

« L'ambassadeur d'Allemagne a réclamé ses pas-
« seports et a quitté Paris après avoir déclaré la
« guerre à la France.

« On annonce que, dès l'ouverture des hostilités,
« les allemands ont fusillé Samain, président du
« Souvenir français en Alsace.

« Fusillade aux avants-postes, cette nuit.

« Croiseur allemand a lancé quelques obus sur
« Bône et Philippeville. Dégâts sans importance.

« Salué par applaudissements de la Chambre des
« Communes anglaise, ministre Affaires Etrangères
« sir Edward Grey a fait déclaration de laquelle il
« résulte que flotte anglaise protégera flotte fran-
« çaise contre flotte allemande; que Grande-Breta-
« gne, appelée par roi de Belgique, s'est prononcée
« très fortement pour la neutralité de la Belgique;
« a ajouté que la neutralité de la Belgique étant
« violée, l'Angleterre devrait user de toutes ses for-
« ces pour la faire respecter.

« En conséquence, flotte et armée anglaises sont
« mobilisées à minuit.

« Armée allemande a violé la neutralité des terri-
« toires hollandais et belge dans la journée d'hier.

« Le curé de Moineville, près Briey (M.-et-M.), a
« été fusillé par les soldats allemands.

« En Russie, mobilisation s'opère sur tout le terri-
« toire avec un ordre parfait et un merveilleux élan
« patriotique. »

C'en est donc fait ! La grande folie commence en
Europe. Nous allons bien voir si elle va pouvoir durer
plus d'un mois.

En rentrant nous coucher, vers neuf heures et
quart, nous passons par le Casino. On y a collé une
quatrième dépêche, reçue à huit heures trente. Elle
dit :

« Lunéville avion allemand survola ville lança
« bombes qui causèrent que dégâts matériels.

« Vienne. Excelsior annonce sérieux combat sur
« Drina. Impératrice douairière Russie venant de
« Londres fut arrêtée Berlin. Donne choix retourner
« Londres ou aller Copenhague mais refuse laisser
« aller Russie. »

Une fois chez nous, Gabrielle s'en prend à tout le
monde de ce qui arrive à la France. Elle prétend
qu'on pouvait fort bien, si l'on avait voulu, empêcher
d'éclater cette guerre que personne n'approuve, que
personne ne comprend. Elle ajoute qu'au lieu de cela,
il semble, au contraire, qu'on ait voulu, par le voyage
triomphal du président de la République en Russie,
provoquer l'empereur d'Allemagne — qui est mégalomane, comme son peuple, tout le monde le sait —
en cherchant à l'isoler le plus possible et en lui faisant sentir, trop souvent, son isolement, alors que
peut-être, dans l'intérêt de la paix, on aurait dû le
recevoir à Paris comme tous les autres car, somme
toute, il n'est pas plus responsable de notre défaite
de 1870 que Nicolas II l'est de l'invasion de 1815 ou
que Georges V de la défaite de Waterloo. On ne fera
jamais croire, à qui que ce soit, qu'on soit nécessairement obligé de se battre, comme on va le faire,

parce qu'un archiduc autrichien a été assassiné par un serbe. Elle imprécationne contre les gouvernants quels qu'ils soient qui ont, sciemment ou inconsciemment, amené l'Europe où elle en est aujourd'hui. Et sa critique douloureuse allant toujours *crescendo*, elle en arrive à dire « qu'elle ne se fiche pas mal » d'être française, allemande, russe ou autrichienne, pourvu qu'on ne tue personne! Elle voit bien que cette guerre maudite, et qu'elle maudit, va ruiner tout le monde, elle comme les autres. Mais cela lui importe peu. Elle voudrait qu'on prît tout ce qu'elle a et tout ce qu'ont les autres pour payer, aux allemands, les milliards qu'ils réclament; elle voudrait qu'on leur donnât toutes nos colonies, excepté l'Algérie, si cela doit éviter les tueries qu'on prépare. Peu lui importe d'être pauvre : elle travaillera pour vivre; mais qu'on ne fasse tuer ou blesser personne! Que si les empereurs, les rois et les chefs d'Etat ont, entre eux, quelques querelles à vider, qu'ils se battent personnellement à coup de leurs sceptres, mais qu'ils ne fassent pas tuer ou blesser, pour assurer leur gloire future, de pauvres gens qui ne comprennent rien à la politique internationale et qui quittent, de force et en pleurant, leurs foyers et leurs familles.

Tout en causant ainsi, ma chère femme se monte, s'excite, et elle en arrive à un degré d'exaspération qui m'inquiète et m'effraye. Heureusement, les larmes qui, dès le commencement de cette scène si pénible, étaient venues assez abondantes, prennent le dessus, et ce soir, encore, comme l'avant-veille, elles parviennent à calmer celle que je n'ose pas contredire, *malgré son déraisonnement passager*, tant la guerre me paraît à moi, comme à elle, l'épreuve la plus terrible, la plus épouvantable, la plus injuste qui puisse atteindre une nation comme la France.

Et, à part moi, je pense à ce qu'il adviendrait chez nous si Maurice devait partir comme presque tous ses camarades, alors que sa mère souffre un tel martyre auquel j'assiste impuissant, à la seule idée que d'autres, qui ne la touchent en rien, ni pour rien, vont aller se battre ; que d'autres mères qu'elle ne connaît pas, et qu'elle ne connaîtra jamais peut-être, vont perdre leurs enfants qu'elles ont eu, souvent, tant de peine à élever et à sauver des maladies contre lesquelles il a fallu qu'elles luttent désespérément quelquefois.

Enfin, le calme renaît quelque peu, chez elle, grâce à Dieu et à la Vierge qu'elle implore, pour tous, dans une fervente prière ; et nous passons une nuit relativement tranquille après cette grande agitation de ce vilain soir que je ne voudrais, certes, pas revivre.

Mercredi 5 août. — A mon réveil, Louis Hébrard m'apporte le *Moniteur du Puy-de-Dôme* qu'il a été me chercher pour m'éviter de me lever trop matin. Sa première colonne est entièrement consacrée au *Message du président de la République au Parlement.* Ce document historique qui a été lu, hier, aux débuts des séances extraordinaires du Sénat et de la Chambre des Députés, est ainsi conçu :

« Messieurs les Sénateurs,

« Messieurs les Députés,

« La France vient d'être l'objet d'une agression
« brutale et préméditée, qui est un insolent défi au
« droit des gens. Avant qu'une déclaration de guerre
« nous eût été adressée, avant même que l'ambassa-
« deur d'Allemagne eût demandé ses passeports,
« notre territoire a été violé. L'Empire d'Allemagne
« n'a fait, hier soir, que donner tardivement le nom
« véritable à un état de fait qu'il avait déjà créé.

« Depuis plus de quarante ans, les Français, dans
« un sincère amour de la paix, ont refoulé au fond
« de leur cœur le désir de réparation légitime ; ils
« ont donné au monde l'exemple d'une grande nation
« qui, définitivement relevée de la défaite par la
« volonté, la patience et le travail, n'a usé de sa
« force renouvelée et rajeunie que dans l'intérêt du
« progrès. et pour le bien de l'humanité.

« Depuis que l'ultimatum de l'Autriche a ouvert
« une crise menaçante pour l'Europe entière, la
« France s'est attachée à suivre et à recommander
« partout une politique de prudence, de sagesse et
« de modération. On ne peut lui imputer aucun acte,
« aucun geste, aucun mot, qui n'ait été pacifique et
« conciliant.

« A l'heure des premiers combats, elle a le droit
« de se rendre solennellement cette justice qu'elle a
« fait, jusqu'au dernier moment, des efforts suprê-
« mes pour conjurer la guerre qui vient d'éclater, et
« dont l'Empire d'Allemagne supportera devant
« l'Histoire l'écrasante responsabilité.

« Au lendemain même du jour où, nos alliés et
« nous, nous exprimions publiquement l'espérance
« de voir se poursuivre pacifiquement les négocia-
« tions engagées sous les auspices du cabinet de
« Londres, l'Allemagne a déclaré subitement la
« guerre à la Russie; elle a envahi le territoire du
« Luxembourg; elle a outrageusement insulté la
« noble nation belge, notre voisine et notre amie;
« elle a essayé de nous surprendre traîtreusement en
« pleine conversation diplomatique.

« Mais la France veillait, aussi attentive que paci-
« fique; elle s'est préparée, et nos ennemis vont ren-
« contrer sur leur chemin nos vaillantes troupes de
« couverture qui sont à leur poste de bataille et à
« l'abri desquelles s'achèvera méthodiquement la
« mobilisation de toutes nos forces nationales.

« Notre belle et courageuse armée, que la France
« accompagne aujourd'hui de sa pensée maternelle,
« s'est levée toute frémissante pour défendre l'hon-
« neur du drapeau et le sol de la patrie.

« Le président de la République, interprète de
« l'unanimité du pays, exprime à nos troupes de
« terre et de mer l'admiration et la confiance de
« tous les Français. Etroitement unie en un même
« sentiment, la nation persévérera dans le sang-froid
« dont elle a donné, depuis l'ouverture de la crise, la

« preuve quotidienne; elle saura, comme toujours,
« concilier les plus généreux élans et les ardeurs les
« plus enthousiastes avec cette maîtrise de soi qui
« est le signe des énergies durables et la meilleure
« garantie de la victoire.

« Dans la guerre qui s'engage, la France aura
« pour elle le droit, dont les peuples, non plus que
« les individus, ne sauraient impunément méconnaî-
« tre l'éternelle puissance morale. Elle sera héroïque-
« ment défendue par tous ses fils, dont rien ne
« brisera devant l'ennemi l'union sacrée, et qui sont
« aujourd'hui fraternellement assemblés dans une
« même indignation contre l'agresseur, et dans une
« même foi patriotique. Elle est fidèlement secondée
« par la Russie, son alliée; elle est soutenue par la
« loyale amitié de l'Angleterre, et, déjà, de tous les
« points du monde civilisé, viennent à elle les sympa-
« thies et les vœux, car elle représente aujourd'hui,
« une fois de plus devant l'univers, la liberté, la
« justice et la raison.

« Haut les cœurs! Et vive la France!

« Paris, le 4 août 1914.

« Raymond POINCARÉ.

« Par le Président de la République,

« Le Président du Conseil des Ministres:

« René VIVIANI. »

Le journal relate très brièvement le compte-rendu
de ces séances extraordinaires de la Chambre et du
Sénat. Il dit que Viviani y a été superbe d'éloquence
et de précision et que Joffre est parti pour la frontière, le 3 août, à 11 h. 45 du soir.

. . . .

J'arrête là cette partie de mes Souvenirs. Cependant, je ne veux pas la signer sans rapprocher certains faits, certains actes de certaines paroles.

Il est historiquement indiscutable que c'est l'empereur d'Allemagne qui a préparé cyniquement et qui a voulu personnellement la guerre de 1914, guerre que la diplomatie européenne serait certainement parvenue à éviter si le Hohenzollern qu'il est n'avait pas jeté brutalement dans le plateau de la balance, qu'il voulait faire pencher de son côté, son glaive de barbare mégalomane.

Or, je me rappelle avoir lu, dans la *Revue de Paris* du 1ᵉʳ août 1894, le récit, par Jules Simon lui-même, du séjour qu'il fit à Berlin lorsque, en février 1890, il s'y trouvait comme chef de la délégation française à la Conférence ouvrière internationale. Il y vit Guillaume II qui le reçut, ainsi que la délégation toute entière, avec une faveur toute exceptionnelle et qui, dans le discours qu'il tint à prononcer en un français des plus purs et des plus élégants, leur dit à tous : « J'ai beaucoup réfléchi depuis mon avène-
« ment et je pense que, dans la situation où je me
« trouve, il vaut mieux faire du bien aux hommes
« que de leur faire peur. Votre armée a travaillé ;
« elle a fait de grands progrès, elle est prête. Si par
« impossible, elle se trouvait, en champ clos, avec
« l'armée allemande, nul ne pourrait préjuger les
« conséquences de la lutte. C'est pourquoi je regar-
« derais comme un FOU ou un CRIMINEL quiconque
« pousserait les deux peuples à se faire la guerre. »

Fou ou *criminel!* Guillaume II, qui s'est toujours connu très à fond, a bien préjugé, alors, ce qu'il serait vingt-quatre ans plus tard.

Montferrand, rue Debay-Facy, le 25 octobre 1915.

A. MALLAT.

(Inédit).

LES FOUILLES DE GLOZET

Note lue à la Société Nationale des Antiquaires de France par M. Clément Pallu de Lessert, membre résidant, au nom de M. A. Mallat, membre correspondant :

Messieurs,

Je crois devoir entretenir la Société Nationale des Antiquaires de France dont je suis, depuis 1909, un des trois membres correspondants pour le département de l'Allier, des découvertes importantes qui viennent d'être faites dans notre région, non loin de Vichy, au village de Glozet, commune de Ferrières-sur-Sichon (Allier) (1).

(1) Mon excellent ami, l'abbé Antonin Naud, curé doyen de Ferrières-sur-Sichon, m'a écrit, le 22 décembre 1926, une lettre dont j'extrais les passages suivants :

« Je réponds, sans retard, à ta lettre : le cadastre, section A, « porte *Glozet*. C'est le docteur Morlet (de Vichy) qui écrit « *Glozel* dans ses brochures sur la station néolithique de ce « village.

« On dit aussi *Clozet* ou *Clozel,* ce qui pourrait signifier « petit clos ».

« Quant aux découvertes qui font couler des flots d'encre, « tu sais qu'il y a deux opinions : celle de M. Salomon Reinach, « qui les date de la dernière époque de l'âge de la pierre, et « celle de M. Camille Jullian, qui ne les fait remonter qu'à « l'époque gallo-romaine, et y voit (?) l'antre d'une sorcière « du IIIe siècle de notre ère, laquelle y disait la bonne aventure ! « Je me permets de prendre position dans le débat. C'est « bien le moins que j'aie voix au chapitre, en qualité de curé « de Ferrières. Je t'avoue que je suis de l'avis de M. Salomon « Reinach. Et voici pourquoi : Si les objets trouvés sont de « date si récente (IIIe siècle), comment se fait-il que l'on n'ait « pas encore trouvé parmi eux ni bronze, ni fer ? Tout est « pierre ou brique.

. . . .

« M. Camille Jullian croit lire sur une plaque en terre cuite : « *sta* — arrête toi —; mais ne se trompe-t-il point ? D'autant « plus que l'on n'a pas encore identifié l'écriture de *Glozet,* « laquelle paraît d'origine phénicienne. »

J'ai été constamment tenu au courant, par le docteur Morlet (de Vichy), des fouilles qu'il effectue, depuis plus d'un an, avec le propriétaire du champ, M. Fradin, et puis en parler en toute connaissance. Comme je joins à cette note les diverses publications où ces trouvailles sont étudiées par les auteurs et que j'y ajouterai bientôt leur troisième fascicule qui va paraître incessamment, je ne m'étendrai pas sur leur étude archéologique ni sur les discussions qu'elle comporte.

A la fin de cette note, j'ajouterai un aperçu sur les dernières trouvailles du docteur Morlet (de Vichy) et de M. Fradin, qui sont encore inédites, mais présentent une importance capitale pour le classement chronologique de la station de Glozet.

Il me semble qu'il existe, en ce moment, une question plus importante: c'est celle de leur authenticité. Or, je crois pouvoir dire que nul n'est mieux placé que moi pour la traiter.

Il me faut, tout d'abord, insister sur le fait que personne de ceux qui s'occupent d'archéologie dans la région, n'a mis un instant en doute la parfaite authenticité des découvertes de Glozet. M. Morlet (de Vichy) exécute lui-même ses recherches avec M. Fradin. Les objets sont trouvés dans des terrains non remaniés et il n'est pas possible qu'il y ait supercherie. D'ailleurs, M. Morlet (de Vichy) laisse sur le terrain de fouilles des portions intactes pour servir de témoin, où l'on pourra toujours, en pratiquant de nouvelles recherches, contrôler les siennes.

Les polémiques qui se sont élevées localement sont de toute autre nature. Elles tiennent simplement au fait que M. Morlet (de Vichy), venu à Glozet après certains autres, a été cependant le seul à lui reconnaître un intérêt préhistorique.

Il a repris méthodiquement les fouilles au moment où le propriétaire, découragé par le refus de crédits demandés pour elles, était sur le point de combler la fosse et de travailler son champ.

M. Morlet (de Vichy) a eu à lutter énergiquement, après ses découvertes, contre la plupart des savants qui, pour faire entrer les trouvailles dans les cadres classiques, voulaient bouleverser la station de Glozet. Mais, comme la couche archéologique ne présentait aucune division stratigraphique possible, que tous les objets étaient trouvés simultanément en tous les points de ces fouilles, aussi bien à la surface qu'au fond de la couche fertile, les auteurs se sont toujours opposés à cette interprétation en désaccord avec les trouvailles. Le docteur Morlet (de Vichy) insistant sur le fait que les signes alphabétiformes qui se voient sur les tablettes, se retrouvent à côté de gravures animales, sur des harpons en ramure de cervidé de forme cylindrique (genre magdalénien), des haches et des tranchets polis, des anneaux en schiste, sur une lampe, relie entre elles ces différentes trouvailles. Il a toujours déclaré qu'il n'y avait à Glozet qu'un niveau unique excluant tout mélange d'industrie.

D'ailleurs, toutes les objections qui lui ont été faites seront rapportées dans le troisième fascicule de la *Nouvelle Station Néolithique* qui va paraître et qui contiendra également leurs réfutations.

Mais il faut bien dire que, si tant d'archéologues parisiens ont mis en doute l'authenticité des trouvailles de Glozet (1), cela ne tient pas seulement à leurs

(1) M. Clément Pallu de Lessert, membre résidant de la *Société Nationale des Antiquaires de France*, m'a écrit, le 8 décembre 1926, une lettre d'où j'extrais ce qui suit:

« Je n'ai pu me rendre aux Antiquaires que pour la séance « de vacances du 8 septembre. J'y donnai lecture de votre « communication dont un extrait paraîtra dans le Bulletin de « la Société. C'était la première fois qu'on y parlait de ces belles « découvertes. Votre témoignage fut fort utile, étant donné « qu'après moi, M. Seyman de Ricci prit la parole pour exprimer « les doutes que lui suggérait une visite qu'il venait de faire « aux fouilles de M. Morlet (de Vichy).

« Vous avez, je pense, suivi comme moi, avec le plus grand « intérêt, les phases du débat sur cette si importante et même « si passionnante question. Après des flottements, l'authenticité « de la découverte ne fait plus aucun doute, et les objections

caractères inédits, difficiles à faire entrer dans les classifications admises, mais surtout à ce que leur bonne foi a été surprise.

Heureusement les trouvailles sont là; les faits, seuls, comptent.

M. Morlet (de Vichy) continue les fouilles en collaboration avec M. Fradin, et publie toutes ses trouvailles en laissant parler les documents assemblés.

Il me semble que la découverte, en France, d'un alphabet préhistorique, vaut bien que des savants autorisés viennent l'étudier sur place et qu'ils se rendent compte de son authenticité.

J'indiquerai, ici, que les chercheurs ont trouvé ces jours-ci : 1° quelques ossements humains fossilisés (notamment une tête de fémur), qui semblent bien indiquer qu'ils se trouvent sur l'emplacement d'un lieu d'ensevelissement; 2° trois harpons de forme magdalénienne, dont deux avec inscriptions, contenant les mêmes signes alphabétiformes que les briques, permettent, je crois, d'accepter le classement que propose M. Morlet (de Vichy) pour la station de Glozet qui serait une station de *longue transition*. « Commençant, dit-il, sur le versant paléolithique de la période de transition, son industrie fait immédiatement suite à celle des magdaléniens pour atteindre

« de M. de Ricci n'ont produit aucun effet. C'est sur la date
« qu'on bataille fort, à l'Institut et ailleurs.
   « Curieux débat, où les deux parties en présence en sont à
« un écart de douze à quinze siècles! Mais chacun serre forte-
« ment son bout: M. Jullian d'une part, MM. Reinach et Loth
« de l'autre.
   « Quant à moi qui, à mon grand regret, ne suis peu, je
« l'avoue, un spécialiste, je penche fortement pour l'époque la
« plus ancienne, en raison de l'absence de toute trace de fer
« et de poterie gallo-romaine. Je crois même que le plus grand
« nombre pense comme moi.
   « Je viens de recevoir, hier, les comptes-rendus de l'Académie
« des Inscriptions. Et la lecture des communications qui y sont
« incluses, me confirme, une fois de plus, dans mon opinion.
   « On annonce une prochaine et non moins catégorique commu-
« nication de M. Loth. La séance seraa fort intéressante et la
« discussion très vive, car on paraît assez monté de part et
« d'autre. »

et comprendre la phase de la hache polie, fabriquée à l'aide de galets roulés. » En effet, parmi les silex trouvés, aucun n'était poli.

Je ne puis clore cette note sans dire un mot de la valeur morale des inventeurs de la station de Glozet.

Je connais le docteur Morlet (de Vichy) depuis que, s'occupant de fouilles gallo-romaines, à Vichy même, il a eu l'occasion de venir prendre mes conseils et me demander des renseignements que je possédais. Je l'ai vu mettre près d'un an à rechercher de tous côtés, avec ténacité, un document qui avait malheureusement disparu. Il ne se laisse jamais diriger que par la pure objectivité des faits, et sa droiture ne fait de doute pour personne.

Quant à M. Fradin, qui appartient à l'une des plus honorables familles du pays, il est connu, comme tous les siens, pour être d'une probité parfaite en toutes choses.

Beauregard, près Vichy, le 15 avril 1926.

(*Inédit*).

LE VIEUX-VICHY
ET LES MONUMENTS HISTORIQUES

Vichy, le 29 août 1926.

à Monsieur Marcel Génermont,
architecte des monuments historiques,
à Moulins (Allier).

Monsieur,

Je réponds, sans tarder, à votre lettre du 20 **août** dernier.

La *tour de l'horloge* et la *nef de la chapelle Saint-Blaise* sont les seuls restes du château construit, à Vichy, de 1390 à 1440, par les ducs de Bourbon. Certes, ces restes mériteraient bien d'être classés comme monuments historiques, si on ne leur avait pas enlevé, pendant le premier quart de notre XXe siècle, tout leur caractère médiéval. On a, je ne sais pourquoi, crénelé la *tour* d'un affreux ciment armé et entouré ses cadrans de déplorables parements qui empêcheront, peut-être, son classement. Quant à *l'église Saint-Blaise* on lui a ouvert un côté pour la faire correspondre avec une nouvelle chapelle qu'on construit en ce moment, et où le ciment armé tient également le premier rang.

Si vous écrivez, sur cette chapelle, un rapport quelconque, notez que le chœur et les deux côtés sont plus jeunes que la *nef:* ils ne datent que du commencement du XVIIIe siècle.

Je ne connais rien qui représente cette *nef* de Saint-Blaise; l'aspect extérieur de l'église a été reproduit maintes fois en dessins ou en photographies.

Je ne crois pas que cela offre, pour ce que vous voulez faire, le moindre intérêt.

Vichy-Féodal, de M. l'abbé Peynot, a donné une vue de la *tour* avant son crénelage. M. Crépin-Leblond vous prêtera, sans aucun doute, le cliché de cette vue.

Le *pavillon Sévigné*, qui a été fort agrandi, n'a absolument rien d'historique. C'était une maison de Vichy comme toutes les autres, qui ne mérite pas plus son classement que les maisons de Luzène, de Vicq de Pontgibaud, Intrant de Chillat, de Bardon, etc., etc... Madame de Sévigné ne l'a jamais habité. Lisez, à ce propos, la *note* que j'ai donnée, pages 212, 213, 214, 215 de mon *Histoire contemporaine de Vichy de 1789 à 1889*.

Quant à la *tour* de M. Gravier (du Monceau), son classement, s'il est possible, aurait l'immense avantage de conserver une maison superbe que la spéculation démolira à la mort de son vieux propriétaire. Vous n'ignorez sans doute pas que mon vieil ami s'est vendu en viager, et qu'on exploitera cette situation dès sa dernière heure (il va avoir Cent ans le 1er janvier 1927). Cette *tour* de M. Gravier (du Monceau) n'est que l'entourage d'un escalier tournant. J'en ai publié une vue à la page 44 du premier volume de *Vichy à travers les Siècles*. Je n'ai plus le cliché de cette vue.

Il faudrait faire classer, aussi, *la borne milliaire* qui se trouve maintenant à l'Etablissement thermal de 1re classe, et ce qui reste de *l'ancien couvent des Célestins* qui datait de 1410 environ.

Je suis tout à votre disposition pour vous aider, dans la mesure de mes moyens, à faire quelque chose pour mon Vieux-Vichy que j'aime tant, et vous envoie l'assurance de mon entier dévouement.

(*Inédit*).

Charles-Claude-Alexandre GRAVIER-DUMONSSEAUX

M. Gravier-Dumonsseaux qui, depuis 1906, est
membre de la Société d'Emulation du Bourbonnais, a
cent ans aujourd'hui. Il est né, en effet, à Vichy, le
1er janvier 1827, dans ce Chastel-Franc qu'il habite
toujours, à 100 mètres, environ, du pied de la *tour*,
tout proche de l'ancienne *maison Mareschal* où, 30
ans plus tard, jour pour jour, je devais moi-même
pousser mon premier vagissement. Son acte de naissance, qu'il n'est pas inutile de publier ici, ne permet
aucun doute au sujet de la date exacte de sa venue
au monde; le voici, du reste, copié *in extenso:* « L'an
« mil huit cent vingt-sept, le deux janvier, à l'heure
« de neuf du matin, par devant nous Antoine-
« Frédéric de Bardon, adjoint à la mairie, faisant
« en l'absence du maire les fonctions d'officier de
« l'état-civil de la ville de Vichy, canton de Cusset,
« département de l'Allier, est comparu M. Alexandre-
« Joseph Gravier-Dumonsseaux, âgé de quarante-
« neuf ans, officier retraité et propriétaire, demeu-
« rant en cette ville de Vichy, lequel nous a présenté
« un enfant du sexe masculin, né la veille de ce jour,
« à l'heure de cinq du matin, de lui déclarant et de
« dame Phédine-Jacqueline Gautard, son épouse, et
« auquel il a déclaré vouloir donner les noms de
« Charles-Claude-Alexandre. Les dites déclaration et
« présentation faites en présence de MM. Odille-
« Edouard de Grillon, âgé de trente-sept ans, oncle
« de l'enfant, et de Pierre-Melchior Desbrest, âgé
« de trente-quatre ans, cousin issu de germain, tous
« les deux propriétaires et domiciliés dans cette
« ville de Vichy. De tout quoi nous avons rédigé le
« présent texte dont nous avons donné lecture aux
« parties comparantes qui ont signé avec nous.

« Signé : Gravier-Dumonsseaux, de Grillon, Desbrest
« et de Bardon. »

Les Gravier, qui ont toujours blasonné *d'azur au
soleil d'or,* sont à Vichy depuis un temps immémorial.
J'ai, jadis, publié un document tiré des Archives du
Puy-de-Dôme, établissant, sans discussion possible,
que, le 4 juin 1271, un Gravier était parmi les habitants de Vichy qui donnent une procuration contre
.le prieur Gaucher, des Bénédictins de Saint-Alyre,
au sujet de certains droits par lui prétendus dans
l'église de Vichy. On les trouve, ainsi, à toutes les
pages de notre histoire locale; en 1460, par exemple,
un Guillaume Gravier est « preste » et *notaire juré*
à Vichy; un Antoine Gravier, celui qui justement
commença la construction du Chastel-Franc, assiste,
le 27 octobre 1482, à la fondation, dans l'église de
Vichy, de la communauté des *prêtres-filleuls* dont il
fait partie; c'est un François Gravier qui, en 1632,
commence également la construction de la *maison
Gravier* qui, vers 1838 seulement, devient le *pavillon
Sévigné* dans lequel l'adorable marquise n'a jamais
habité; le 26 décembre 1691, Jacques Gravier était,
à Vichy, président aux *Traites foraines;* en 1696, un
Gravier est un des premiers administrateurs, nommés
par le roy, de l'Hôpital civil de Vichy; enfin, en 1789,
ce sont des Gravier qui se trouvent, à Vichy, à la
tête du *Grenier à sel* et des *Traites foraines,* et c'est
Jean-Joseph Gravier, l'aîné, dit Gravier-Dalbost,
premier échevin, qui, le 5 mai de cette année-là,
administre la ville.

Notre confrère, Charles-Claude-Alexandre Gravier-
Dumonsseaux, qui naissait à Vichy le 1ᵉʳ janvier 1827,
avait certainement de qui tenir. Son père était un
officier d'infanterie, retraité de l'Empire, qui avait
fait les guerres d'Italie et d'Espagne et qui avait été
pendant longtemps prisonnier en Angleterre. Nommé
le 31 août 1829 adjoint de Vichy, à la place de de
Bardon, il était élu, par le cens, conseiller municipal,
le 16 octobre 1831. Démissionnaire avec le baron

Lucas, il se retira de la vie publique jusqu'aux élections des 22 et 23 juillet 1865, où il fut élu conseiller municipal de Vichy par le suffrage universel cette fois. Il mourut, à Vichy, chevalier de la Légion d'honneur et médaillé de Sainte-Hélène, le 8 février 1866.

Son grand-père, Jean-Joseph Gravier (du Monceau), était, avant la Révolution, procureur du Roy au Grenier à sel de Vichy. Il fut élu maire de Vichy le 13 novembre 1791 et occupa brillamment cette situation jusqu'au 15 fructidor an III, c'est-à-dire pendant les plus durs, les plus terribles moments de la Terreur. Il fut, ensuite, nommé administrateur de l'Hôpital, puis élu aux fonctions d'agent municipal de Vichy. En 1800, il refusa d'être l'adjoint de Sauret, mais, en 1802, il accepta d'être conseiller municipal aux côtés de son beau-frère, François-Claude Chocheprat. Elu maire de Vichy pendant les Cent jours, il fut nommé, le 26 octobre 1815, adjoint de Gabriel-Antoine Fouët. Démissionnaire de cette fonction, en 1816, il mourut, à Vichy, en 1822.

Dès le début de sa vie, Charles-Claude-Alexandre Gravier-Dumonsseaux se montra intelligent et passionné pour l'étude. Son père et sa mère furent ses premiers maîtres. Puis, quand il eut appris, par eux seuls, à lire, à écrire et à compter, il fut l'élève assidu de l'abbé Laporte, vicaire de l'église Saint-Blaise de Vichy, qui lui donna ses premières leçons de latin. En 1835, il entra en sixième au Petit-Séminaire d'Yzeure qui, jusqu'après sa classe de seconde, le compta parmi un de ses plus brillants internes. Il fit sa rhétorique et sa philosophie au collège de Clermont-Ferrand et, le 26 décembre 1845, il passait, avec succès, les différentes épreuves du baccalauréat ès-lettres.

Aspirant surnuméraire de l'enregistrement en 1846, il était nommé, après examen, surnuméraire, le 25 janvier 1849. Appelé à un poste de son emploi dans les Hautes-Alpes, aux appointements de 700 francs par an, il n'accepta pas et donna à sa sœur, pour augmenter sa dot, le cautionnement qu'il aurait été obligé de verser s'il était entré dans l'administration.

Clerc de notaire pendant quelques années, chez Me Monvoisin, à Cusset, son ami Vimal lui proposa, certain jour, de le faire entrer au *Grand Central* où il pourrait, sans grand frais, se faire une situation. C'est chose ainsi faite en 1856. D'abord stagiaire sous-chef de gare, puis sous-chef titulaire à Saint-Germain-des-Fossés, il passa ensuite, avec le même grade, à la gare de Clermont-Ferrand.

Lorsque la Compagnie P.-L.-M. succéda au *Grand Central* qui disparaissait, il fut l'employé, au mouvement, de cette Compagnie. Il était chargé de remplacer les chefs de gare en congé, depuis la gare de Nevers jusqu'à la gare de Brioude et jusqu'à celle de Roanne. C'est pendant qu'il remplissait cet emploi que, le 7 février 1861, il épousa, à Paris, Mlle Marie-Alphonsine-Amable Dubois, fille du docteur Luglien-Amable Dubois, premier inspecteur-adjoint des Eaux de Vichy, ancien représentant du peuple à l'Assemblée Constituante de 1848 et à l'Assemblée Législative de 1849.

La gare de Vichy fut ouverte au mois de mai 1862; le premier train qui y arriva est du 8 mai 1862. Ce fut M. Gravier-Dumonsseaux qui le reçut. Il avait été, en effet, nommé chef de gare de Vichy en avril 1862. Depuis, il fit à Vichy toute sa carrière. Retraité, comme chef de gare, le 1er octobre 1887, après 31 ans de bons et loyaux services, il fut toujours, pendant son activité, *esclave du devoir*, comme le lui disait, en le félicitant, son inspecteur principal, M. Coffinet.

Quand il fut définitivement libéré de ses obligations envers le P.-L.-M., M. Gravier-Dumonsseaux se retira dans sa maison du Chastel-Franc qu'il avait, pour ainsi dire, toute fait reconstruire, pendant qu'il

était encore à la gare de Vichy et qui était **déjà**, à
cette époque, la superbe demeure qu'il habite toujours. Il donna, alors, tout son temps à sa généalogie
et à ses études sur le Vichy d'autrefois; à ses gros
et grands volumes, admirablement reliés, tous manuscrits, qui contiennent tant de faits précis sur l'histoire locale de Vichy et auxquels tous ceux qui veulent
s'occuper de cette histoire locale n'ont jamais, en
vain, fait un appel plus ou moins direct.

M. Gravier-Dumonsseaux a eu, toute sa vie, la
bonne fortune de savoir se mettre à l'abri des bruits
de la ville. Il n'a jamais cherché à faire partager
par son voisin ses opinions politiques et religieuses.
C'est un sage. Il admet fort bien qu'on ait des idées
différentes des siennes, mais il veut toujours conserver intact son droit de penser comme il l'entend.
Dans sa chambre à coucher, là où il a mis tout ce
qu'il aime, la première place est occupée par une
très belle photographie de la Vierge Noire de Saint-
Blaise; la seconde par un portrait du comte de
Chambord; la troisième par une fort belle estampe
représentant la *Fontaine des trois cornets* à Vichy.
C'est là le symbole de ce qu'il adore en dehors de sa
famille; c'est là le symbole de ce qu'il croit et respecte, de ce qu'il a toujours cru, pensé et aimé.

Cent ans! Il n'y paraît à peine chez ce beau vieillard pour qui, cependant, la vie n'a pas toujours été
rose. Un nouveau temps va recommencer pour lui;
il lui doit encore des années que, tous, nous serons
heureux de compter, si nous ne partons pas avant
lui. Il a vu sa ville avec 854 habitants seulement et
il la voit, aujourd'hui, avec près de vingt mille.

Il m'appartenait, à moi, son disciple, de dire, en
ces quelques mots, ce qu'a été M. Gravier-Dumonsseaux durant les *cent* premières années qu'il a déjà
vécues; je n'ai pas voulu manquer à ce devoir, pas
plus que je ne veux manquer de saluer, de mon mieux,
mon premier maître en histoire locale à l'occasion de

son *centenaire*, et de lui souhaiter encore, malgré ce *centenaire*, longue et heureuse vie.

Vichy, le 1er janvier 1927.

A. MALLAT.

(*Bulletin de la Société d'Emulation du Bourbonnais, année 1927*).

FIN

CORRECTIONS

Page 105, ligne 30, au lieu de: *somplètement*, lire: *complètement*.

Page 108, ligne 28, au lieu de: *charges*, lire: *dépenses*.

Page 117, ligne 29, au lieu de: *ne*, lire: *de*.

Page 120, ligne 25, au lieu de: *dicrètement*, lire: *discrètement*.

Page 121, ligne 35, au lieu de: *grands*, lire: *grandes*.

Page 141, ligne 1, au lieu de: *1295*, lire: *1925*.

Page 145, faire passer au bas de cette page, la première ligne en *italiques* de la page 146.

Page 148, ligne 16, supprimer le mot: *aisément*.

Page 161, ligne 15, au lieu de: *ce*, lire: *de*.

Page 182, ligne 23, au lieu de: *disposition*, lire: *dispositions*.

Page 204, ligne 35, au lieu de: *fort intérieur*, lire: *for intérieur*.

Page 220, troisième ligne de la note avant sa fin, au lieu de: *seraa*, lire: *sera*.

TABLE DES MATIÈRES